L. 1800. sorti.

MÉMOIRES

D'ANNE DE GONZAGUES,

PRINCESSE PALATINE.

ERRATA.

Page 15, ligne 7, *vives couleurs*, lisez *sombres couleurs*.

Page 21, ligne 8, *de ces ressentimens*, lisez *de ses*.

Page 22, ligne 11, *le Comte Olivarès*, lisez *d'Olivarès*.

Page 36, ligne 11, *indiscrète emportée*, lisez *indiscrète, emportée, &c.*

Page 42, ligne 10, *plisanteries*, lisez *plaisanteries*.

Page 44, ligne 14, *des formes importantes*, lisez *imposantes*.

Page 89, ligne 11, *ce nom si important*, lisez *si imposant*.

Page 102, ligne 13, *plus chèrs*, lisez *plus chèr*.

Page 131, ligne 7, *facilité*, lisez *fatuité*.

Page 142, ligne 3, *Amant de Mademoiselle de Chevreuse*, lisez *de Madame*.

Page 165, ligne 3, *à M. de Rhodez*, lisez *à Madame de Rhodes*.

MÉMOIRES

D'ANNE DE GONZAGUES,

PRINCESSE PALATINE.

publiés par Mr Senac de Monmeilha (livre supposé)

A LONDRES,

Et se trouve à PARIS, chez les Marchands de Nouveautés.

———

M. DCC. LXXXVI.

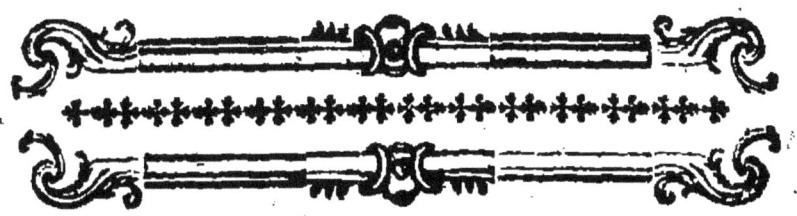

AVERTISSEMENT
DE L'ÉDITEUR.

JE me trouvois à portée, il y a quelques années, de l'Abbaye de . . . . & je fis connoissance avec l'Abbesse, Femme de beaucoup d'esprit & d'une grande piété. Elle me montra des lettres originales de Pascal, de Racine, & de Madame de Nemours. En nous entretenant de cette Princesse, elle me dit qu'elle avoit un manuscrit qu'on croyoit être de la Princesse Palatine. Le nom d'une personne aussi célèbre par son esprit, me fit desirer vivement d'en avoir communication. J'eus beaucoup de peine à le lire, tant il étoit mal écrit; j'y trouvai beaucoup de lacunes, des endroits rayés, & des pages, ou supprimées, ou égarées. Des mémoires qui concernoient des intrigues de Cour, intéressoient peu une femme qui ne lisoit que des livres de piété. L'Abbesse consentit à m'en faire présent, mais elle exigea de moi que, tant qu'elle

AVERTISSEMENT. iij

vivroit, ce manuscrit ne sortiroit pas de mes mains, & que je ne la citerois jamais, ne voulant, me dit-elle, pendant sa vie, ni après sa mort, que son nom fût mêlé dans les vains propos du monde. J'ai tenu ma parole; j'ai attendu qu'elle ne fût plus, pour publier cet ouvrage, qui m'a paru intéressant; &, fidèle à mes engagemens, je m'abstiens de citer la personne de qui je les tiens. Une foule d'écrits, & sur-tout les mémoires du Cardinal de Retz, ne laissent rien à desirer sur les évènemens de ce tems; mais l'ouvrage d'une personne illustre, qui a inspiré la plupart des révolutions, conduit avec habileté les intrigues les plus compliquées, doit jeter un nouveau jour sur le caractère, les motifs & les actions de ceux qui ont eu part aux révolutions. L'impartialité qui règne dans ces mémoires, & la sincérité qui caractérise la Princesse Palatine, les rendent encore plus précieux.

La Princesse Palatine étoit fille de Charles Duc de Mantoue, & de Catherine de Lorraine; elle épousa le Prince Édouard, Comte Palatin du Rhin, fils de Fréderic Électeur Palatin, & Roi de Bohême. Sa sœur Louise-Marie fut mariée à Ladislas Sigismond IV., Roi de Pologne. La Princesse Palatine mourut âgée de soixante & huit ans, en 1684, après avoir passé plusieurs années dans les plus austères pratiques de la Religion. Cette femme supérieure par son génie, qui avoit tant de capacité pour les affaires, & de talens pour le Gouvernement, ajoutoit foi

a iij

aux songes, & sa conversion fut l'effet d'un rêve. Voici ce qu'en dit Bossuet dans l'Oraison funèbre de cette Princesse. « Ce fut un songe admirable, de ceux que Dieu même fait venir du Ciel par le ministère des Anges, dont les images sont si nettes & si démêlées, où l'on voit je ne sais quoi de céleste. Elle crut, c'est elle-même qui le raconte à un Saint Abbé: Écoutez, & prenez garde sur-tout de n'écouter pas avec mépris l'ordre des avertissemens divins & la conduite de la grace : elle crut, dis-je,

Avertissement.

que, marchant seule dans une forêt, elle y avoit rencontré un aveugle dans une petite loge : elle s'approche pour lui demander s'il étoit aveugle de naissance, ou s'il l'étoit devenu par quelque accident ; il répondit qu'il étoit aveugle né : vous ne savez donc pas, reprit-elle, ce que c'est que la lumière, qui est si belle & si agréable, & le soleil qui a tant d'éclat & de beauté. Je n'ai, dit-il, jamais joui de ce bel objet, & je ne puis m'en former aucune idée. Je ne laisse pas de croire, continua-t-il, qu'il est d'une beauté raviſſante. L'aveugle parut alors changer de voix & de viſage, & prenant un ton d'autorité : mon exemple, dit-il, vous doit apprendre qu'il y a des choſes très-excellentes & très-admirables qui échappent à notre vue, & qui n'en ſont ni moins vraies, ni moins deſirables, quoiqu'on ne puiſſe les comprendre, ni imaginer. Par une ſoudaine illumination, elle ſe ſentit ſi éclairée, & tellement tranſportée de la joie d'avoir trouvé ce qu'elle cherchoit depuis ſi long-tems, qu'elle ne put s'empêcher d'embraſſer l'aveugle, dont le discours lui découvroit une plus belle lumière que celle dont il étoit privé ; &, dit-elle, il se répandit dans mon cœur une joie si douce & une foi si sensible, qu'il n'y a point de paroles capables de l'exprimer. Elle s'éveilla là-dessus, dit-elle, & se trouva dans le même état où elle s'étoit vue dans cet admirable songe, c'est-à-dire, tellement changée, qu'elle avoit peine à le croire. Je me levai, poursuivit-elle, avec précipitation: mes actions étoient mêlées d'une joie & d'une activité extraordinaires ; tout ce que je lisois sur la Religion me touchoit jusqu'à répandre des larmes. Je me trouvois à la messe dans un état bien différent de celui où j'avois accoutumé d'être : mais alors, dit-elle, il me sembloit sentir la présence réelle de Notre Seigneur, à-peu-près comme l'on sent les choses visibles, & dont l'on ne peut douter. »

Pour achever de faire connoître les talens & le génie de la Princesse Palatine, je me contenterai de citer ce que le Cardinal de Retz en dit dans

AVERTISSEMENT. xj

ſes Mémoires, & le portrait que trace Boſſuet de cette Princeſſe, dans ſon Oraiſon funèbre : quelque ſoit le rare aſſemblage de qualités qu'il renferme, quelque ſuſpectes que ſoient les Oraiſons funèbres, les faits & l'opinion impartiale & éclairée du Cardinal de Retz font voir que cet éloge n'eſt point exagéré.

PORTRAIT

DE MADAME

LA PRINCESSE PALATINE,

PAR

LE CARDINAL DE RETZ.

MADAME la Princeſſe Palatine eſtimoit autant la galanterie, qu'elle en aimoit le ſolide. Je ne crois pas que la Reine Éliſabeth d'Angleterre ait eu plus de capacité pour conduire un État. Je l'ai vue dans la faction, je l'ai vue dans le cabinet, & je lui ai trouvé par-tout également de la ſincérité.

PORTRAIT

DE LA MÊME PRINCESSE,

PAR BOSSUET,

TIRÉ DE SON ORAISON FUNEBRE.

LE génie de la Princesse se trouvoit également propre aux divertissemens & aux affaires. La Cour ne vit jamais rien de plus engageant, & sans parler de la pénétration, ni de la fertilité infinie de ses expédiens, tout cédoit au charme secret de ses entretiens. . . . .
. . . . Toujours fidèle

à l'État & à la grande Reine Anne; on sait qu'avec le secret de cette Princesse, elle eut encore celui de tous les Partis, tant elle étoit pénétrante, tant elle s'attiroit de confiance, tant il lui étoit naturel de gagner les cœurs! Elle déclaroit aux Chefs des Partis jusqu'où elle pouvoit s'engager, & on la croyoit incapable de se tromper ni d'être trompée; mais son caractère particulier étoit de concilier les intérêts opposés, &, en s'élevant au-dessus, de trouver le secret endroit, comme le nœud par où on peut les réunir.

PORTRAIT. xv

Tel eſt le portrait tracé par Boſſuet, & il eſt peut-être ſans exemple, que l'excès de la louange ne ſoit qu'une vérité hiſtorique.

MÉMOIRES

MÉMOIRES
D'ANNE DE GONZAGUES,
PRINCESSE PALATINE.

JE vous ai souvent entretenue, Madame, des troubles de la Régence. Votre esprit curieux & observateur vous a portée à me faire mille fois des questions sur les personnages qui ont paru sur la scene à cette époque; vous en avez connu plusieurs qui ont été depuis à peine remarqués dans le monde, & vous avez en vain cherché l'audace d'un Révolté dans l'empreſſement ſervile d'un Courtiſan. Peu d'années ont produit cette révolution. De l'abattement où le Cardinal de Richelieu avoit réduit les eſprits les plus remuans, on paſſa preſque ſubitement à l'indépendance & à la révolte, & par une pente non moins rapide, on a paſſé enſuite à la ſoumiſſion la plus profonde. Il n'eſt point d'autres cauſes à chercher à ces révolutions, que le caractère de ceux qui ont gouverné. La réputation de pluſieurs de ceux qui ont joué un rôle du tems des dernieres guerres civiles, n'eſt plus qu'un ridicule pour eux; le Cardinal de Retz lui-même n'y auroit pas échappé avec toute la supériorité de son génie, s'il n'avoit pris habilement le parti de la retraite.

Croyez, Madame, ce que vous m'avez souvent entendu dire, que les hommes ne jugent rien d'après eux & d'après la véritable valeur des choses. Les grandes qualités, les vertus déplacées excitent souvent le mépris, & sont l'objet de la raillerie : l'expérience apprend qu'une grandeur démesurée est aussi près du ridicule qu'une extrême petitesse. Les vices les plus odieux, environnés des rayons de la faveur, sont tolérés, & peuvent devenir à la mode; ensuite le succès justifie tout, couvre tout.

Le Cardinal Mazarin a été l'objet de la haine publique, des arrêts l'ont proscrit, on a mis sa tête à prix, &, peu de tems après, des Princes ont épousé, à l'envi, ses Nièces; il a refusé pour l'une, le Roi d'Angleterre; enfin, il a porté ses regards jusqu'au Trône de France : Richelieu y auroit établi sa Nièce; mais l'avidité, qui avoit fait entasser tant de trésors à Mazarin, ne pouvoit s'allier, dans le même homme, avec l'audace qui auroit mis à profit la passion du Roi.

Je vous parle sans partialité; tous les évènemens que j'ai à vous retracer sont loin de moi, & la plupart des Acteurs sont morts. Je suis comme les Héros des Champs Élifés, retirée du monde; je ne fuis plus, en quelque forte, qu'une ombre; & le fouvenir de ce que j'ai vu, n'eſt corrompu par aucune paſſion.

Je vais vous expofer les événemens dont j'ai été témoin, & furtout ceux où j'ai eu quelque part, avec la fincérité que vous me connoiſſez, & qu'on a toujours reconnue en moi. C'eſt peut-être à cette qualité feule que j'ai dû quelques fuccès, dans un tems où tous ceux qui fe jetoient dans la négociation s'applaudiſſoient de leurs artifices. J'ai employé ce que j'avois de lumières à bien difcerner les intérêts des perfonnes avec lesquelles je traitois, à écarter ce que l'amour propre, ce que le desir d'un petit succès particulier, nuisible souvent au véritable, met de confusion dans les affaires; je développois nettement mon opinion, je convenois de mon intérêt, j'établissois le dégré & le genre de mes attachemens; enfin, je traçois la ligne que je devois & voulois suivre; je déterminois le point fixe où je m'arrêtois, & que rien ne me feroit passer; la sincérité étoit pour moi le fil d'Ariane, il me faisoit sortir heureusement du labyrinthe de l'intrigue.

JE FUS destinée au cloître dès mon enfance, ainsi que ma sœur Benedicte. Mon père qui aimoit avec passion la Princesse Marie, ma sœur aînée, vouloit tout sacrifier à l'agrandissement de sa fortune. Il nous mit de bonne heure au couvent, & il prescrivit de ne rien négliger pour nous inspirer le goût de la vie religieuse : je secondai quelque tems ses intentions, il se flatta que je ne paroîtrois jamais dans le monde, & qu'il pourroit, suivant ses affections, réunir toute sa fortune sur ma sœur Marie.

J'étois dévote dès l'âge de douze ans, & citée comme un exemple de ferveur. Une ame active qui éprouvoit le besoin d'un grand intérêt, un cœur tendre & sensible qui cherchoit à s'attacher, me faisoient desirer avec ardeur de consacrer ma vie entière à Dieu. Les pratiques les plus dures de la vie religieuse, les macérations, les austérités, les jeûnes avoient pour moi des charmes, & je voyois arriver avec une joie extrême les jours de la Semaine Sainte. Jamais le monde ne m'a offert, dans les plus agréables jours de ma vie, des plaisirs aussi vifs, & qui ayent pénétré aussi avant dans mon ame, que les jeûnes & les austérités du Vendredi Saint. Je dérobai un jour à une Religieuse malade une discipline & un cilice; je m'enfermai aussi-tôt dans ma chambre, & je me mis tout en sang. Je me trouvai d'une importance extrême à mes yeux après cette belle opération; il me sembloit que j'avois des droits incontestables à la palme du martyre; j'aspirois au moment où je pourrois m'enchaîner par des vœux éternels: mais vous le dirai-je? au milieu de tant de ferveur, j'étois importunée souvent de doutes; mon esprit se refusoit à croire, tandis que mon cœur étoit entraîné à aimer; je chassois les pensées qui pouvoient ébranler ma croyance, comme l'ouvrage du démon; elles revenoient sans cesse, les objections se présentoient en foule, & je ne pouvois être convaincue avec toute les dispositions possibles pour l'être. Dans ces momens quelquefois je me disois: qui suis-je, pour avoir des doutes & des incertitudes? pourquoi ne croirois-je pas ce que les Arnaud & tant d'autres Hommes supérieurs croient avec soumission ? Ces réflexions dissipoient pour un instant mes doutes, & mon imagination achevoit l'ouvrage ; elle me rendoit sensible ce qui répugnoit le plus à ma foible raison ; elle faisoit disparoître ma vie entière comme un songe fugitif, & me transportoit dans une éternité de délices, achetée de quelques foibles privations. Plusieurs années s'écoulèrent ainsi entre des doutes passagers que je me suis souvent reprochés comme un égarement de ma jeunesse, & une ivresse soutenue. Un événement imprévu vint tout-à-coup changer toutes mes idées.

Les préférences qu'on accordoit à la Princesse Marie avoient excité dans mon cœur une secrette envie, & même une disposition à la haine; je portois sans cesse ma sœur à confesse, & les cilices n'avoient rien de si piquant que ses dédains pour moi, que la supériorité dont je la voyois jouir par l'aveuglement de mon père. J'avois un jour dîné avec Madame de la Châtre, Abbesse du couvent de Faremoustier, elle m'avoit comblé de caresses, les charmes de la vie religieuse m'avoient été vantés, elle m'avoit attaqué par la dévotion, & même par la vanité, en me montrant la perspective de lui succéder. Je vous observerai que rien ne paroît plus brillant, plus important à une pensionnaire, que le gouvernement de la maison; les objets frappent sensiblement sur des organes neufs. Un Berger disoit que s'il étoit Roi, il garderoit ses moutons à cheval : une jeune personne ne voit rien par de-là l'autorité qui agit sur elle depuis son enfance.

On vint demander Madame de la Châtre; elle me laissa dans sa chambre pour venir ensuite reprendre sa conversation. Une lettre étoit sur sa cheminée : je reconnus l'écriture de Madame de Guise, & la tentation me vint de la lire. Cette lettre contenoit des exhortations à l'Abbesse de ne pas se prêter aux instances de mon père, de bien examiner ma vocation, enfin de ne pas abuser de ma jeunesse par des séductions, pour m'engager à me faire Religieuse. Madame de Guise déploroit l'aveuglement de mon père, qui le portoit à sacrifier deux filles à la fortune de l'aînée. Elle ajoutoit qu'elle me connoissoit, que je n'étois pas faite pour le cloître : l'ardeur extrême de mon zèle, disoit Madame de Guise, devoit en faire prévoir la courte durée. Je remis la lettre à sa place; & au lieu d'attendre l'Abbesse, je courus m'enfermer dans ma chambre. La rage étoit dans mon cœur; plusieurs circonstances, qui ne m'avoient pas frappée jusques-là, vinrent se présenter à mon esprit : je fus éclairée à l'instant, & je démêlai tout ce qu'on avoit employé pour me séduire. C'étoit pour ma sœur qu'on vouloit m'engager à me faire Religieuse; voilà ce qui me désespéroit. C'est pour embellir son idole, me disois-je, c'est pour la mettre dans une élévation où elle s'attire tous les regards, que mon père veut me dépouiller. La haine & la jalousie firent crouler en un instant l'édifice de l'Amour divin, & je me trouvai deux jours après aussi dégoûtée du Couvent & des Religieuses, que la femme la plus dissipée : je ne songeois plus qu'à paroître avec éclat dans le monde. Le propre de l'imagination est d'élever & de détruire à son gré : la foi me manquoit alors, & ma dévotion n'étoit que l'enthouſiaſme d'un eſprit ardent. Tout ce qui ne tient pas au ſentiment ou à la raiſon, n'a rien de ſolide; & il eſt facile à l'imagination de peindre des plus vives couleurs, ce qu'un inſtant auparavant elle avoit embelli des plus rares ornemens. Je ne me donnai pas la peine de cacher mes nouvelles diſpoſitions. Toute la Communauté fut ſurpriſe; on fut alarmé, ſcandaliſé; l'Abbeſſe fut humiliée d'avoir manqué ſon ouvrage; elle me prodigua les careſſes, les reproches: tout fut inutile. Je déclarai nettement que je ne ſerois jamais Religieuſe. Les perſécutions de l'Abbeſſe ne me laiſſoient plus aucun repos; je demandai, pour m'y fouſtraire, à quitter Faremouſtier, & à me retirer à Avenay auprès de ma ſœur Benedicte, qui venoit d'en être nommée Abbeſſe. J'aurois été heureuſe avec elle, ſi je ne m'étois ſentie attriſtée du ſacrifice qu'elle avoit fait, & auquel j'avois échappé. Je déplorois chaque jour cette victime, immolée à l'ambition de ma ſœur. Ma haine en redoubla pour elle.

Le Duc de Mantoue mourut, cet événement me fit ſortir du couvent; & peu de tems après, j'eus à pleurer la mort de ma ſœur Bénédicte,

dicte, dont le souvenir me sera éternellement cher.

Ma sœur Marie étoit plus belle que moi; quoique je ne fusse ni sans beauté, ni sans agrémens, elle avoit plus d'éclat. Elle fixa l'attention des hommes, & acquit de la célébrité par ses charmes. Le grand Ecuyer Cinq-Mars, brillant de tous les dons de la nature, à la fleur de sa jeunesse, favori de son maître, devint amoureux d'elle. La vanité, peut-être, entroit pour beaucoup dans cet attachement. Epouser une Princesse de Maison souveraine, & se trouver allié à tous les Princes de l'Europe, étoit pour Cinq-Mars, à peine Gentilhomme, un avantage auquel il ne

B

sembloit pas qu'il pût aspirer. Il le sentoit, & vouloit, par des dignités, combler l'intervalle. La fortune de Luynes n'avoit rien qui fut au-dessus des prétentions de M. le Grand. Il demandoit d'être fait Duc & Pair, & l'épée de Connétable ne paroissoit pas devoir lui manquer, si le Roi continuoit à l'aimer. Ma sœur, entraînée par son goût, séduite par l'éclat de sa faveur, auroit volontiers consenti à l'épouser. Elle fut obligée de me mettre dans sa confidence, & nous étions dans celle des projets de Cinq-Mars. M. de Thou n'étoit pas plus coupable que nous. Le Grand Ecuyer auroit été dans toute autre position, un fat insupportable ; mais la fatuité n'est autre chose que la présomption déplacée: & que ne pouvoit pas présumer de lui & de son étoile, un jeune homme qui se trouve à vingt ans Grand-Écuyer de France & Favori ? Tout conspiroit à l'enivrer. Son lever étoit comme celui du Roi, ou du Cardinal. Deux cens Gentilshommes le suivoient chez le Roi, & il surpassoit tous les Courtisans par la magnificence de ses habits, la noblesse & le charme de sa figure, & les agrémens de ses manières. Les femmes se jetoient à sa tête, les Ministres étoient à ses ordres, & en étoient traités avec légèreté. Le Cardinal l'aimoit; ensuite il le craignit & le ménagea. Comment résister à tant de séductions, &

avoir à cet âge une conduite fage & mefurée ? Cinq-Mars, flatté de l'éclat qui l'environnoit, étoit rebuté du prix dont il falloit l'acheter. Dégoûté de Louis XIII, le plus ennuyé des hommes, le plus défiant, le plus confiant ; les heures qu'il paffoit avec ce Monarque, étoient pour lui des fiècles, & fon impatience éclatoit fouvent. Il partoit de S. Germain après le coucher, & venoit paffer quelques heures avec ma fœur. J'étois en tiers dans leur converfation. Il nous confioit fes dégoûts & fa haine contre le Cardinal ; il le contrefaifoit d'une manière plaifante dans fes rendez-vous d'amour avec Marion de l'Orme. Nous l'exhortions à fupporter les langueurs du Roi, & à ménager le Cardinal. Il promettoit; mais la vivacité de son caractère l'empêchoit de se plier à l'humeur du Roi. Les séductions de ses flatteurs lui persuadoient qu'il pouvoit tout entreprendre; enfin les ennemis du Cardinal profitoient de ces ressentimens, pour l'éloigner encore davantage de ce Ministre. Il ne garda plus de mesures, lorsque le Cardinal l'empêcha d'être fait Duc & Pair; il perdit l'espérance d'épouser ma sœur, & une grande dignité. Enfin, ce qui touchoit le plus un homme présomptueux & habitué aux succès, il éprouvoit un dégoût qui faisoit connoître que sa faveur étoit subordonnée à l'ascendant du premier Ministre. Il prit des liaisons dès-lors avec tous les mécontens; il eut un parti, & le Cardinal trembla pour sa place, & même pour sa vie. Qui sait ce qui seroit arrivé, si M. le Grand avoit pu se résoudre à s'ennuyer quelques heures, enfin si l'étoile du Cardinal n'eût pas fait, comme par miracle, tomber entre ses mains une copie du traité avec le Comte Olivarès? On n'a jamais su comment cet écrit, qui décida du sort du Cardinal, & de la vie de Cinq-Mars, étoit venu à sa connoissance; M. le Grand se seroit trouvé, suivant toute apparence, le maître du Roi & du Royaume; il auroit raccommodé le Roi avec le Duc d'Orléans; il auroit épousé ma sœur, & conservé le plus grand crédit pendant la régence. Vous savez que, dès que le Roi fut parti de Paris, les projets du Grand Ecuyer éclatèrent; le Cardinal étoit instruit, mais n'avoit point de preuves : il ne tarda pas à en acquérir. Ma sœur écrivit plusieurs fois à Cinq-Mars, que son intrigue étoit connue, qu'elle faisoit l'entretien du public. Il lui écrivit, en réponse, cette lettre, dont j'ai gardé la copie, & qui est la dernière qu'elle en ait reçue : vous serez peut-être bien aise de la lire.

« Ne soyez point inquiète, ma
» chère Princesse, le Roi & l'ar-
» mée sont pour moi ; mon ennemi

» m'a cédé le terrain, & l'abatte-
» ment de fes partifans eft ex-
» trême. J'ai paffé hier deux heures
» au chevet du lit du Roi; vous
» auriez été contente de moi, &
» je l'ai été infiniment de la ma-
» nière dont il m'a traité; il m'a
» fait, je vous affure, très-bonne
» chère; il m'a appellé fon cher
» ami; il a foupiré, jeté des pro-
» pos en l'air, en me difant qu'il
» étoit bien malheureux, qu'on
» le tourmentoit, & qu'on fe fai-
» foit trop valoir. Ah ! Sire, lui
» ai-je dit, & prefque les larmes
» aux yeux, que votre état me
» touche, & qu'il me furprend,
» en fongeant que vous êtes le
» maître ! Si vous daigniez vous en

» rapporter à moi, Votre Majesté
» demain n'auroit plus rien qui la
» gênât. Cher ami, m'a-t-il répondu,
» ne précipitez rien. Je ne puis rien
» ménager, quand il s'agit de l'in-
» térêt de mon maître, ai-je ré-
» pondu: Votre Majesté a de fideles
» serviteurs, permettez-moi de leur
» parler. Le Roi s'est retourné, &
» m'a dit, d'une voix attendrie: Bon
» soir, faites pour le mieux; mais
» ne commettez point d'impru-
» dence. Jugez, ma chère Prin-
» cesse, si je ne suis pas autorisé
» à tout entreprendre, & sur-tout
» avec un but aussi glorieux que
» celui qui m'anime. Conservez
» vos bontés à votre plus passionné
» serviteur ».

La fin tragique de Cinq-Mars vous eſt connue dans tous ſes détails, je ne m'étendrai pas davantage ſur ce triſte ſujet.

J'eus des ſuccès à mon entrée dans le monde, qui excitèrent la jalouſie de ma ſœur Marie, qui me pardonnoit auſſi peu de partager l'attention, que ſa fortune. Après la cataſtrophe de Cinq-Mars, obligées d'être enſemble dans la même maiſon, de voir les mêmes perſonnes, nous avions l'air d'être unies; mais dans le fond nous étions dans un état de rivalité & de haine; le beſoin de confidence rapprocha encore une fois ma ſœur de moi. Elle ſe prit de paſſion pour un jeune

Italien, & c'est le seul homme qu'elle ait véritablement aimé; la vanité n'entroit pour rien dans ce sentiment, elle auroit sacrifié à cet amant les couronnes dont les Devins remplissoient son imagination. Comme elle ne pouvoit le voir seule, la nécessité la fit avoir recours à moi. L'envie de plaire n'étoit plus aussi vive, aussi générale chez elle, depuis que son cœur avoit un objet d'affection ; c'étoit encore une raison pour que je lui fusse moins désagréable.

Son Amant étoit parent d'une Dame d'honneur qui nous accompagnoit ; nous avions mille occasions de le voir ; & pour échapper aux yeux de sa parente, il avoit l'air également empressé auprès de moi, & de ma sœur.

Je ne sais où cette intrigue auroit pu conduire la Princesse Marie; il ne pouvoit être question de mariage avec un homme fort inférieur, quoique de bonne Maison. L'inégalité du rang ne l'effrayoit pas, & elle trouvoit un charme de plus dans le sacrifice des plus grands avantages; elle cherchoit dans l'histoire, des exemples de Princesses qui avoient épousé des Gentilshommes; & un jour que je la trouvai lisant avec une attention extrême, elle me donna le livre, en me disant avec un air triomphant:

Lisez, ma sœur; c'étoit un passage de je ne sais quelle histoire, qui rapportoit le mariage de Catherine de France, veuve d'un Roi d'Angleterre, avec Owen Tydor, simple Chevalier du pays de Galles. Elle me cita aussi une fille de Philippe le Long, qui avoit épousé un Gentilhomme. Nous passions en ce tems les jours & les nuits à lire des romans; ma sœur écrivoit des lettres, qui n'auroient pas été déplacées dans Cyrus. Mais, ô mortelle affliction ! l'Italien fut rappellé dans son pays; ma sœur fut au désespoir; si son Amant eût été plus-hardi, je crois qu'elle auroit consenti à un enlèvement; dans l'ivresse où elle étoit, une chaumière lui auroit paru un lieu de délices, avec l'objet de sa passion. . . . . *

* Il y a ici une lacune considérable.

Je reviens au tems où je parus à la Cour; elle étoit fort triste: le Cardinal faisoit surveiller indécemment la Reine, & la persécutoit avec une espèce d'acharnement. Il étoit le maître de la France, & l'arbitre de l'Europe. Tout plioit devant lui; la renommée de ses talens, jointe à une autorité sans bornes, le rendoient un objet de culte. On a vu des Princes étrangers ne lui pas disputer le rang qu'ils refusoient à Monsieur, & dire qu'ils cédoient non au Cardinal, non au premier Ministre, mais au plus grand homme de l'Europe. Etoit-ce la crainte qui cherchoit à se cacher sous l'admiration ? Cela peut-être ; mais il est beau de fournir un pareil prétexte. Les Grands, les Princes le haïssoient & cabaloient contre lui ; mais il ne se passoit pas d'années, que quelques-uns n'en fussent la victime. Le Comte de Soissons avoit seul su se soustraire à son autorité, & la braver ; il avoit rejeté avec dédain la main de Madame d'Aiguillon, que Richelieu avoit osé offrir à Monsieur. Retiré à Sedan, il étoit le centre des intrigues & des entreprises contre le pouvoir & même la vie du Cardinal ; les mécontens se ralliotent sous sa banière. Nous allions quelquefois à la Cour, la Reine nous traitoit avec bonté, & nous parloit de ses cha-

grins avec amertume & dépit. Un jour ma sœur louoit ses mains & sa gorge, qui étoient assurément admirables; la Reine lui répondit, en montrant sa gorge, M. le Chancelier pense sans doute comme vous, car il n'a pas tenu à lui d'y toucher; ce Magistrat avoit poussé l'audace jusqu'à lever son mouchoir, pour voir si elle n'y avoit pas caché des lettres du Roi d'Espagne, ou du Cardinal Infant. La Reine me donnoit des préférences marquées sur ma sœur, mon esprit & mes manières sembloient lui convenir davantage; & c'est à cette époque, que, dans divers entretiens, je jetai, sans y songer, les
fondemens

fondemens de la confiance qu'elle m'accorda depuis.

Il n'y avoit pas grande presse pour faire sa cour à une Reine sans crédit, & dont la faveur ne pouvoit être que dangereuse. Lorsque sa grossesse fut décidée, elle se flatta qu'elle seroit plus considérée, & la naissance d'un Prince sembloit devoir lui donner du crédit. Le Cardinal qui s'apperçut qu'elle avoit une plus grosse cour, fit si mauvais visage à ceux qui s'empressoient auprès d'elle, que bientôt elle retomba dans la plus grande solitude. Il entroit certainement du dépit dans la persécution que lui faisoit éprouver ce Ministre; il avoit du penchant à aimer la Reine; & si elle se fût donné la peine d'user des plus petits ménagemens envers lui, il l'auroit laissé jouir d'un grand crédit. Le Cardinal, qui savoit la manière dont elle nous traitoit, nous entretenoit souvent de ses préventions contre lui ; il se répandoit en éloges de sa personne, & regrettoit, disoit-il, de n'avoir pu vaincre son antipathie ; il protestoit qu'il n'y avoit rien qu'il ne fût disposé à faire pour gagner ses bonnes graces : & je me souviens qu'un jour, en nous tenant ces propos, les larmes lui vinrent aux yeux. Il avoit l'art de répandre des larmes ; & cette facilité lui avoit été reprochée par la Reine Mère, qui en avoit été long-tems la dupe. Il m'a toujours paru certain qu'il avoit un goût très-vif pour la personne de la Reine, qui étoit infiniment agréable. Accoutumé à voir tout fléchir devant lui, à entendre des flatteries qui surpassoient celles dont on berce les Rois, il ne pouvoit supporter aucune résistance, & encore moins la raillerie; la Reine ne l'épargnoit pas avec le petit nombre de ses confidentes : quelque fidélité que cette Princesse eût lieu d'attendre d'elles, tout ce qu'elle disoit revenoit au Cardinal ; c'étoit un Dieu pour la puissance ; il en avoit encore cet attribut de tout pénétrer. Rien ne lui étoit caché; les plus indifférentes conversations des personnes élevées, lui étoient rapportées & envenimées. Il récompensoit magnifiquement les plus petits services & les plus légères marques d'attachement : le Cardinal avoit seul le pouvoir de faire du bien. On sentira, d'après cela, qu'il ne devoit pas y avoir de fidélité inaccessible à ses séductions, ou à la crainte qu'il inspiroit. La Reine, indiscrète emportée par caractère, & par une fierté qui lui présentoit comme humiliation la nécessité de se modérer, étoit chaque jour exposée à de nouvelles tracasseries ; & dans certains momens d'abattement, elle redoutoit tout de la foiblesse d'un Roi, qui avoit sacrifié sa mère, & du Ministre qui avoit su le porter à cette barbarie envers elle.

Sa Cour étoit devenue une espèce de Couvent, & j'en fis la réfléxion. Un jour le Cardinal lui donna une très-belle collation à Ruel; la petite Cour de la Reine ressembloit à des pensionnaires en récréation; Madame d'Aiguillon faisoit les honneurs avec le Cardinal; elle louoit la Reine, & lui vantoit l'attachement de son oncle; je m'efforçois d'engager la Princesse à répondre avec bonté aux empressemens de Madame d'Aiguillon; mais j'eus beau faire des signes, prendre la parole pour elle, l'aversion perçoit dans ses regards & son geste, quoiqu'elle fût enchantée de la fête & de l'amusement de cette journée, comparée aux autres. Le Roi étoit jaloux. Il croyoit beaucoup de coquetterie à la Reine, & le Cardinal fortifioit cette opinion, espérant que, fatiguée des persécutions qu'elle avoit à éprouver, elle auroit recours enfin à lui. Au goût qu'il avoit certainement pour elle, se joignoit l'inquiétude de l'avenir; le Roi étoit d'une mauvaise santé, & sa mort pouvoit laisser le Ministre en proie au ressentiment de la Reine. Je ne doute pas, au reste, que, malgré les droits de la Reine à la Régence, elle ne se fût trouvée forcée de dépendre de Richelieu; il avoit des places fortes, les Généraux étoient asservis à ses volontés, & lui devoient leur fortune; une foule de créatures attachées à son sort, des tréfors en fa difpofition, un afcendant victorieux fur les efprits, l'habitude des grandes affaires, un courage au-deffus de tous les obftacles, rendoient la puiffance de Richelieu inébranlable dans toutes les circonftances. Mazarin, avec toute fon habileté & fes rufes, ne pouvoit lui être comparé. Je me bornerai à faire une réflexion. Dans quelque époque de fa vie que Richelieu eût fuccombé, il auroit laiffé l'idée d'un grand homme : fi Mazarin, dans vingt circonftances, eût été abandonné de la Reine, il n'auroit emporté aucune réputation, & le ridicule auroit inondé la plupart de fes actions. La conftance de la Reine a fait tout le succès de Mazarin : Richelieu se soutenoit par le seul ascendant du génie.

Les quatre ou cinq ans, qui s'écoulèrent avant la régence, ont peut-être été les plus heureuses de ma vie. Sans soins domestiques, pour lesquels j'ai toujours eu de l'aversion ; exempte des passions qui ont semé de quelques fleurs, bientôt fanées, un chemin difficile & dangereux ; loin de l'agitation des affaires, je passois mon tems à m'instruire, à converser avec des gens d'esprit ; on nous recevoit avec distinction à l'Hôtel de Rambouillet ; ma sœur y cherchoit des conquêtes, & moi, le succès de l'esprit, de préférence à tout. Le Cardinal lui-même prenoit part aux dissertations qu'on y faisoit sur la Poésie & sur l'Amour; souvent il abandonnoit les affaires de l'Europe, pour décider une question de sentiment. Je me souviens qu'un jour Mademoiselle de Scudéry nous raconta qu'elle avoit vu un homme, épris du plus violent amour, qui étoit obligé de quitter, pour quelque tems sa maîtresse; que cet Amant passionné à l'excès lui avoit parlé de ses peines avec des expressions si touchantes, que les larmes lui en étoient venues aux yeux, & qu'elle en avoit encore le cœur oppressé; il m'a parlé, dit-elle, du bonheur d'être aimé, d'une maniere ravissante. Le Duc d'Enghien prit la parole, & dit que cet homme n'aimoit pas bien vivement, qu'il n'étoit que personnel. Un véritable Amant dit-il, doit être plus occupé de son amour, que des sentimens qu'il inspire. Cette réflexion nous frappa; Chapelain & Voiture s'éleverent contre; M. de Montauzier & Mademoiselle Dangennes applaudirent à la distinction du Prince; l'Abbé de Boisrobert fit des plisanteries à sa manière; on s'étonna qu'un jeune Prince, qui ne passoit pas pour sensible, distinguât aussi habilement ce qui tenoit à l'amour propre; je me souviens que je lui dis : « votre esprit fait en vous l'office du cœur, il vous tient lieu de tout, & vous devinez ce qu'on doit sentir. » Cette thèse acquit beaucoup de célébrité, par le nom de celui qui l'avoit soutenue. Le Cardinal en eut connoissance, & il donna un grand dîner à Ruel, à tous ceux qui avoient disputé pour & contre à l'Hôtel de Rambouillet : on apporta de grands fauteuils, le Cardinal fit asseoir ma sœur comme présidente de l'assemblée, & tout le monde se mit en rang avec toute la gravité qu'on pourroit apporter dans un conseil où seroit agité le destin d'un Empire. Le Duc d'Enghien exposa son sentiment; Mademoiselle de Bourbon, depuis Duchesse de Longueville, combattit son opinion, & Mademoiselle de Scudéry plaida ensuite, comme Avocat-Général. Le Cardinal recueillit les voix. Quand ce fut à mon tour d'opiner, je me déclarai pour le sentiment du Duc d'Enghien, que j'appuyai de distinctions subtiles sur la tendresse, que je regarderois aujourd'hui comme du galimathias. Mon opinion l'emporta, & le Duc d'Enghien fut aussi flatté de son triomphe que de sa plus brillante victoire. Je fus fort caressée par le Cardinal, qui avoit été dès le premier moment entraîné par le sentiment du Duc d'Enghien. Vous vous étonnerez peut-être des formes importantes, & de l'appareil que donnoit le Cardinal à cette assemblée ; mais c'étoit l'esprit du tems, & le sien particulièrement en amour. Ce génie sublime qui balançoit les destinées des Empires, qui portoit un regard d'aigle fur les plus grands intérêts, qui fe décidoit avec tant d'audace, qui fuivoit avec tant de conftance fes projets, n'étoit plus le même lorfqu'il differtoit; il fe montroit alors pédant & formalifte. Retiré à Avignon, il avoit traité de l'amour divin, en métaphificien fubtil, il raifonnoit de même fur l'amour profane. Un autre auroit paru fouverainement ridicule; mais tant de gloire environnoit fa vie, tant d'éclat & de grandeur étoient répandus fur fes moindres actions, qu'on regardoit comme le délaffement d'un efprit occupé de chofes fublimes, ces pédantefques & collégiales differtations fur l'objet qui en comporte le moins.

Vous attendez, sans doute, que je vous parle de l'aventure la plus intéressante de ma vie, & dont le récit peut être embarrassant. Ma répugnance à tracer un évènement qui a fait long-tems mon malheur, qui a laissé dans mon cœur une plaie profonde, cède en ce moment au plaisir de vous ouvrir mon ame toute entière, de ne rien vous déguiser de mes fautes & de mes erreurs. Loin de prétendre à ne me montrer à vous que sous le côté favorable, je me plais à vous exposer le mal & le bien qui se trouvent en moi : ce sera à vous de juger lequel des deux l'emporte.

Je puis dire avec vérité que mon cœur seul m'a fait commettre des fautes. Nos sentimens prennent la trempe de notre caractère ; je n'ai pas été foible, mais passionnée à l'excès pour M. de Guise : vous jugez bien que c'est de lui que je veux parler. Dans le calme où je me trouve aujourd'hui, sans prévention & sans ressentiment, je vais vous tracer son portrait.

M. de Guise avoit la figure, l'air & les manières d'un Héros de roman, & toute sa vie a porté l'empreinte de ce caractère. La magnificence régnoit dans toute sa personne & dans tout ce qui l'entouroit; sa conversation avoit un charme particulier ; tout ce qu'il disoit, tout ce qu'il faisoit, annonçoit un homme extraordinaire. L'ambition & l'amour le dominoient. Ses projets, à force d'être vastes, étoient chimériques; mais avec un nom aussi illustre, une valeur héroïque & un peu de bonheur, rien n'étoit au-dessus de ses espérances. Il avoit ce don de se faire aimer de tous ceux à qui il avoit intérêt de plaire, qui sembloit être le partage de tous les Princes Lorrains. Il étoit léger dans ses attachemens, inconstant dans ses projets, précipité dans l'exécution. Voilà ses qualités & ses défauts.

La parenté unissoit nos deux Maisons, & c'étoit un motif de nous voir souvent. L'état ecclésiastique qu'il avoit embrassé, ne permit pas

pas d'abord de lui foupçonner aucunes vues fur ma fœur ni fur moi. Il paroiffoit fe plaire également avec l'une & l'autre; mais je vous avouerai que, fans projet, fans fonger à l'avenir, fans avoir interrogé mon cœur, j'éprouvois quelque fecrette jaloufie, lorfque je le croyois voir empreffé auprès de ma fœur. J'obtins infenfiblement la préférence, & la Princeffe Marie, dont le cœur étoit occupé, loin d'être fâchée, plaifantoit de fes empreffemens pour moi. Souvent il nous donnoit des violons & des fêtes qui avoient l'air de la féerie. Un foir nous revenions de Poiffy par la forêt de Saint-Germain, & nous trouvâmes une partie du bois éclairé de mille lanternes

D

de papier de diverses couleurs & une tente superbement décorée au milieu d'une de ces allées. Des Chevaliers, armés de toutes pièces, nous invitèrent à descendre & à nous arrêter. M. de Guise étoit dans la tente, où nous trouvâmes une collation superbe toute prête, & les violons du Roi. Je remarquai, dans plusieurs endroits de la tente, des emblêmes, qui tous étoient l'expression d'un sentiment qu'on s'efforce de cacher, mais qui ne peut plus être contenu. Le ton passionné avec lequel il me parla, m'embarrassoit à cause de la présence de ma sœur, dont je craignois les plaisanteries, & j'éprouvois une émotion qui m'éclaira sur mes sentimens.

Sa passion se montra à découvert peu de tems après, par ses manières empressées, son assiduité & sa jalousie : il en fit enfin l'aveu à ma sœur, & lui confia le dessein qu'il avoit formé de quitter l'état ecclésiastique pour m'épouser, s'il pouvoit se flatter de ne m'être pas indifférent. La Princesse Marie se chargea de m'en parler.

L'Archevêque s'est enfin expliqué, me dit-elle. Je rougis à ce début ; mais loin de chercher à m'embarrasser, elle m'exhorta à avoir toute confiance en elle ; depuis quelque tems, & avant moi peut-être, elle avoit découvert mes sentimens ; ma franchise ne me

permit pas de feindre, & je lui avouai que j'aimois M. de Guise, & que j'avois bien peu d'espérance...
. . . . *
Il aura, me dit-elle, des gouvernemens, des pensions; enfin, elle chercha à nous servir avec zèle.

Outre les obstacles que je viens de vous dire, Madame de Guise en faisoit naître qui paroissoient insurmontables; elle s'opposoit avec obstination à ce que M. de Guise quittât l'état ecclésiastique, dans lequel les plus grandes dignités lui étoient assurées, pour faire un mariage plus que médiocre du côté

---

* Il manque ici plusieurs lignes.

de la fortune. On ne peut se figurer le désespoir où cette opposition le réduisit ; vingt fois il voulut se tuer à mes pieds : touchée de sa douleur qui alloit jusqu'à l'aliénation, entraînée par mon propre penchant, je lui fis une promesse de mariage, & je reçus la sienne, écrite de son sang : enfin, il faut tout vous dire, je m'échappai de Paris, & déguisée en homme, j'arrivai à Besançon, où je pris le nom de Princesse de Guise.

. . . .
. . . . . . * J'appris qu'il y faisoit sa cour à une femme qui lui prodiguoit ses faveurs pour le retenir dans ses fers. Jamais, je crois, on

---

* Il y a ici deux ou trois pages d'égarées.

n'éprouva une plus violente révolution. Je me voyois perdue de réputation, pour avoir ajouté foi aux promesses les plus sacrées. Un couvent paroissoit le seul asyle où je pouvois ensevelir mes égaremens. Mon aventure étoit l'entretien de toute l'Europe, & en y songeant depuis, je me suis surprise cent fois, m'étonnant moi-même d'avoir pu reparoître dans le monde avec quelque considération.

Vous voyez avec quelle sincérité je m'explique : je devois être perdue à jamais. La réputation revient quand on est jeune ; les fautes s'oublient avec le tems qui efface tout ; mais il faut être soutenu par des amis puissans, être dans une certaine élévation, & me sera-t-il permis de le dire ? il est nécessaire d'avoir quelques qualités qui attirent l'estime.

J'étois mille fois plus affligée de la perte que je faisois, & de la perfidie dont on payoit la plus vive tendresse, que de tous les vains propos du monde; je partis à l'instant pour Paris, sans écrire même à celui qui me trompoit si cruellement. Je m'éloignai du monde en arrivant, & pour me soustraire aux regards de la malignité, & pour m'ensevelir dans ma douleur. Une maladie dangereuse fut l'effet de tant d'agitations, & mon état m'attira l'intérêt du Public. On me plaignit; j'échapai au mépris par la vérité & la force de ma passion. Mon humeur changea; mon ame resta comme flétrie, les plus noirs pressentimens la remplissoient; je ne pouvois, sans tressaillir, entendre prononcer le nom de M. de Guise; il me suffisoit de rencontrer ses livrées pour être triste le reste de la journée.

J'ai fait, j'en conviens, une grande imprudence : mais qui se seroit attendue à être aussi cruellement, aussi promptement trompée ? La Princesse Marguerite de Lorraine s'est évadée comme moi, déguisée comme moi, pour aller joindre Monsieur, le plus foible, le plus volage des hommes. Elle a été plus heureuse, parce que Monsieur, pour la première fois de sa vie, a eu une volonté ferme & constante.

Le tems calma mes douleurs; la dissipation, les plaisirs, les affaires en ont suspendu le souvenir, sans l'effacer. Je n'ai jamais vu se marier des personnes qui s'aimoient, sans faire un triste retour sur moi-même. Mon cœur n'a pas resté insensible ; mais en m'interrogeant, j'ai senti que la premiere impression avoit été la plus forte. Il est dans le premier sentiment, un charme, une surprise agréable, qu'on n'éprouve plus. L'extrême jeunesse, à qui tout est nouveau, donne seule des émotions qu'on se flatte en vain de faire renaître. On dort à tous les âges; mais il est un calme, une légéreté, une fraîcheur, qui ne se trouvent que dans le sommeil de la jeunesse: il en est de même de nos sentimens.

Le Roi s'affoiblissoit de jour en jour, & la Cour de la Reine devenoit plus nombreuse. Les regards étoient fixés sur elle. Tous ceux qui avoient souffert pour ses intérêts, tous ceux qui étoient mécontens du gouvernement actuel, croyoient avoir des titres à la faveur, sous un nouveau regne. Le Cardinal Mazarin caressoit tout le monde. Il étoit humble dans ses discours, sans aucun faste extérieur; & paroissoit plutôt desirer de rester dans le Conseil, que prétendre à y dominer. Celui qui, dans ce moment, auroit regardé comme possible qu'il fût le maître du Royaume, auroit passé pour un fou. Si le Cardinal Mazarin n'eût pas été Ecclésiastique, jamais il n'auroit gouverné. Chavigny avoit plus d'esprit, plus de connoissance des affaires : il étoit dans tous les rapports bien plus propre à l'administration du Royaume.

La Reine avoit affectionné l'Évêque de Beauvais; cette amitié passa comme celle d'une jeune fille qui se marie pour ses anciennes camarades. Il se montra ridicule & incapable, & le Cardinal attira vers lui toute l'autorité, sans qu'on s'en doutât en quelque sorte. Je ne tardai pas à m'appercevoir aux manières de la Reine, qu'il étoit plus avant dans ses bonnes graces qu'on ne le croyoit. Il ne s'étoit point fait d'ennemis sous le regne précédent, où il n'avoit eu que du crédit & point de puissance. L'incertitude de sa situation, celle de la santé du Roi & du Cardinal l'avoient porté à ménager la Reine. Chavigny étoit odieux à cette Princesse. Châteauneuf étoit rédouté par son ambition, la hauteur de son caractère, & ses liaisons avec la Duchesse de Chevreuse : si quelqu'un devoit gouverner, c'étoit lui ; rien ne lui manquoit; lumieres, expériences, esprit du monde & des affaires, manège de Cour, l'art de se faire des créatures. Il avoit toutes les qualités nécessaires pour occuper la première place; mais une réputation éclatante, lorsque les hommes ont le tems de réfléchir, nuit plus que les grands défauts; il faut que des événemens imprévus & soudains élèvent les gens d'un mérite supérieur, sans quoi chacun songe à n'avoir pas un rival qui l'embarrasse & obscurcisse son mérite. M. de Châteauneuf étoit trop considérable pour n'être pas le premier du Conseil, dès qu'il y seroit entré. C'est encore un inconvénient que d'être annoncé pour tenir trop d'espace. Le Cardinal Mazarin profita & de la haine qu'infpiroit Chavigny, & de la crainte qu'on avoit de Châteauneuf. Il fembloit ne tenir fa fupériorité dans le Confeil, que de fa dignité de Cardinal ; on ne le voyoit point établi dans le Royaume, & il faifoit croire qu'il ne defiroit que de retourner en Italie, après avoir établi le calme au dehors.

La Reine parloit peu de lui dans les commencemens, ne le louoit que fur fa douceur ; & cette modération me parut dire plus de chofes que l'enthoufiafme le plus vif. Je le dis à M. de Senneterre; il fe moqua de moi. Le Cardinal Mazarin, me dit-il, eft néceffaire par la connoifsance qu'il a des affaires du dehors ; mais ignorant les formes & les usages du Royaume, comment voulez-vous qu'il succède au Cardinal de Richelieu ? il a des manières ridicules, il estropie les noms, les mots ; un tel homme n'est pas fait pour la première place ; il se bornera à être utile pendant quelque tems & visera à obtenir de grosses Abbayes pour retourner à Rome, où il aura peut-être la surintendance des affaires de France. La Reine le traite bien : elle n'a pas eu lieu de s'en plaindre, & il cherche à se rendre agréable & nécessaire ; il l'amuse par ses contes, & s'il parloit bien françois, il lui plaîroit moins, en disant les mêmes choses.

Le Cardinal, lui répondis-je, est plus avant dans la confiance de la Reine, que vous ne pensez, & voici sur quoi je me fonde. Elle a la plus grande familiarité avec lui, & n'en parle jamais : il est donc sensible qu'elle est sur ses gardes, & ne veut pas qu'on la pénètre. Elle ne dit pas qu'elle le consultera, & cependant j'ai remarqué qu'elle n'a jamais rien décidé sans l'avoir vu. Il est simple qu'elle le consulte sur les grandes choses, mais elle ne se détermine sur les plus petites affaires, sur celles dont il a le moins de connoissance, que par ses avis : c'est donc le goût, c'est le penchant qui la porte à l'entretenir de tout. Enfin, elle souffre sans humeur, & permet qu'il ne fasse

fasse pas ce qu'elle lui recommande ; j'en ai encore eu la preuve hier : une de ses Femmes, qu'elle aime beaucoup, lui a demandé une Abbaye fort médiocre pour un de ses Parens, la Reine en a parlé au Cardinal avec un grand intérêt, & celui-ci l'a refusée, sans donner de trop bonnes raisons ; elle s'en est contentée, & n'a fait éclater aucune humeur. Il est clair que les sentimens du Cardinal trouvent son esprit disposé singulièrement à les recevoir. J'ai vu enfin la Reine, ces jours passés, d'une aigreur extrême contre Madame de Montbazon ; le Cardinal lui a fait un signe qui n'a été apperçu que de moi, & elle a pris à l'instant le ton le plus doux : quelques mo-

* E

mens après, elle a regardé le Cardinal avec des yeux qui lui difoient: vous devez être content de moi. Voilà ce que j'ai vu; vous y étiez, & ne l'avez point remarqué, & perfonne ne s'en eft apperçu. Enfin, je crois diftinguer que des gens qui fe croient bien traités pour eux-mêmes, ne le font que parce qu'ils font attachés au Cardinal. La Reine déclareroit la guerre, ou feroit la paix par fon avis, que cela ne prouveroit rien pour fa faveur; mais les petites circonftances dont je vous parle, ne me permettent pas d'en douter.

Nous fûmes interrompus par Chavigny, qui nous parut décomposé, & comme j'avois assez d'amitié pour lui, je lui demandai la raison du trouble qui l'agitoit.

« Je suis perdu, dit-il; & ce qui me désespère, c'est d'avoir bâti l'édifice qui m'écrase. Ce pantalon de Mazarin prend des airs de Richelieu avec moi; je sors de chez lui, où après m'avoir fait attendre une heure dans son antichambre, il m'a reçu avec hauteur; j'ai voulu entrer en explication avec lui sur le changement de ses manières, il ma soutenu qu'elles étoient ce qu'elles devoient être, mais que je ne ferois point content, si je n'étois le maître. Il m'a ajouté que j'avois dû m'accoutumer à ne l'être pas, & m'a enfin fait entendre très-clairement, qu'il prétendoit être traité comme le Cardinal de Richelieu dont il se flatte d'occuper la place. »

Chavigny avoit raison d'être irrité; il avoit protégé Mazarin, qui avoit été, en quelque sorte, son bouffon : il l'avoit fait valoir auprès du Cardinal de Richelieu ; & sa fortune étoit à-peu-près son ouvrage. Chavigny avoit été, dès sa jeunesse, initié aux plus grandes affaires, & dans la plus grande faveur auprès du Cardinal de Richelieu, dont on le croyoit fils. C'étoit un homme d'une grande capacité, mais d'une humeur fière & d'un caractère emporté.

Le Duc de Beaufort fut arrêté peu de tems après, & ce coup d'éclat ouvrit les yeux à tout le monde, & fit connoître le pouvoir du Cardinal Mazarin. Jamais on ne fit un plus juste usage de l'autorité; il étoit impossible que la Reine supportât les propos & les manières du Duc de Beaufort: elle s'étoit jetée entre ses bras dans les premiers jours de la Régence, & lui avoit donné des marques d'une confiance sans bornes. Il ne tarda pas à montrer combien peu il en étoit digne, & ne pardonna pas à la Reine de l'avoir jugé, après s'y être aveuglément abandonnée: il manquoit à la Reine, la contrarioit indécemment, lui rioit au nez, & je l'ai vu un jour lever les épaules en l'écoutant. La Reine m'appella, & me dit tout bas : » il fait le fièr, à ce qu'il croit, mais ce n'est qu'un laquais insolent «. On lui avoit cru de la probité, parce qu'il étoit grossier; mais il étoit artificieux, autant que le comportoient les foibles moyens de son esprit. Le Cardinal fut plus respecté après cet acte d'autorité.

Cinq ans à-peu-près se passèrent, sans rien de remarquable. La Régente étoit adorée; le désordre étoit dans les Finances, mais on trouvoit de l'argent; la Cour n'étoit occupée que de fêtes & d'amusemens : mais les esprits des Compagnies & du Peuple s'aigrissoient par les profusions de la Cour & les charges nouvelles qu'on impofoit. Tout-à-coup le feu caché fous la cendre fe manifefta, & l'efprit de révolte & de fédition s'empara de toutes les claffes. Il fembloit qu'il y eût dans toutes les têtes une inquiétude vague, un befoin d'agitation, qui ne demandoient que les plus légères circonftances pour fe développer & fe porter aux plus grands excès. Quelques droits établis fur les entrées, & douze charges de Maîtres de Requêtes créées furent l'étincelle qui mit le feu aux matières combuftibles, depuis long-tems amaffées. Le Parlement donna le fignal ; il fit des remontrances ; les autres Cours fouveraines fe joignirent à lui : mais toute cette fermentation fe feroit évanouie en fumée, sans un homme factieux par goût, par étude, par le ressentiment de son amour propre blessé, sans le Coadjuteur. Il avoit acquis le plus grand ascendant sur un Personnage qui a joué un grand rôle, sans aucunes des qualités propres à le soutenir. Vous jugez que je veux parler du Duc de Beaufort. Son plus grand mérite étoit d'être échappé depuis peu de tems, des fers du Cardinal Mazarin : il joignoit à ce mérite, fait pour produire de l'effet dans un moment de trouble, une assez belle figure, de grands cheveux blonds, l'avantage d'être Petit-Fils de Henri IV, qui le rendoit chèr à la multitude, des manières & des expressions grossières qui le rapprochoient du Peuple, flatté d'entendre parler sa langue. Il est facile de concevoir qu'un pareil automate, habilement remué par un homme d'un génie artificieux, devoit produire une grande sensation parmi le Peuple. La Reine fit arrêter deux Magistrats, cités pour ouvrir, à tort & à travers, des avis contre la Cour. C'étoit dans la réalité deux hommes au-dessous du médiocre, conduits par un zèle aveugle. Broussel, l'un d'eux, qui avoit consumé soixante ans dans la poussière du Palais, étoit sur-tout chèr au Peuple, qui le regardoit comme son zélé défenseur. On fit des barricades comme du tems de la ligue; le Coadjuteur dirigeoit le Peuple, l'animoit par ses

Emissaires, tandis qu'il s'offroit à la Régente, pour avoir le mérite d'éteindre le feu qu'il avoit allumé. On ne fut pas la dupe de son zèle, & il ne pardonna pas qu'on l'eût deviné, & qu'on se fût moqué de lui : il n'en fut que plus irrité contre la Cour, qui avoit dédaigné ses services, & apprécié ses motifs. La Reine violente par tempérament, & habituée à voir tout fléchir sous l'autorité pendant le règne du Cardinal de Richelieu, se livra aux plus grands emportemens; elle auroit fait pendre Broussel & Blanmesnil, plutôt que de céder à la multitude. Le Cardinal modéra sa colère, il tâcha d'adoucir les esprits, essaya de temporiser, mais effrayé de l'obstination du Peuple, il se hâta de rendre les prisonniers. Il dut paroître dès lors évident qu'il céderoit facilement à la crainte : il donna, si je puis m'exprimer ainsi, la mesure de son caractère, & l'on put juger aisément que la résistance & la hardiesse feroient reculer l'autorité, & qu'il suffiroit d'inspirer de la crainte pour obtenir les avantages que chacun pourroit desirer.

Je ne vous entretiendrai pas des assemblées des compagnies, des arrêts, des déclarations. Pendant quelque tems, il y eut une guèrre entre la Cour & les Cours, toute en formalité de Justice. Rien n'est plus fastidieux à raconter, & vous y prendriez peu d'intérêt. Ces grands corps suivoient aveuglément les impulsions de quelques esprits remuans. Sans avoir de plan & juger de l'endroit où ils vouloient aboutir, ils s'agitoient par un besoin de mouvement ; & le sentiment de la mal-aisance des peuples, fortifié d'un faux zèle de la part des chefs qui les dirigeoient, excitoit leur opposition à l'autorité. Ce fut le bonheur de la France, que personne en ce tems ne se trouvât doué du caractère & d'un génie propres à servir une grande ambition. Les projets n'avoient rien de fixe ; des qualités brillantes, le courage, l'esprit, éclatoient dans quelques personnes.... (*) Il y avoit des gens habiles dans l'intrigue, mais pas un chef de parti.

Vous m'avez quelquefois reconnu du talent pour faire des portraits; je vais tâcher de vous tracer ceux des perfonnages qui ont paru fur la Scène dans les troubles de la minorité. La prévention n'égarera pas mon pinceau, & vous trouverez un jufte accord entre leurs phyfionomies & leurs actions.

La Reine ne manquoit pas d'efprit, & démêloit avec affez de fineffe les fentimens de ceux avec

---

(*) Il y a ici trois lignes d'effacées.

lesquels elle avoit à traiter ; mais incapable de la plus légère attention, elle abandonnoit ses idées quelquefois justes, parce qu'il en coûtoit à sa paresse de débattre des opinions & de soutenir son avis. La crainte de se trouver responsable des évènemens la portoit encore à céder à l'avis des autres ; son ame avoit plus de hauteur que de fièrté ; son caractère étoit emporté, & dans les momens d'irritation les partis les plus violens lui venoient à l'esprit ; comme ils semblent tout applanir en détruisant les principes des obstacles, elle les auroit encore préférés pour sortir plutôt d'affaire & se rendormir dans sa paresse. Le sentiment d'un casuiste auroit enfuite tout couvert, auroit tout confacré. Suppofez Richelieu à la place de Mazarin, la Régence de la Reine auroit été remarquable par de fanglantes cataftrophes.

Le Cardinal Mazarin, d'un efprit fin & délié, mais fans étendue; d'un caractère fouple; doué d'une grande patience, féduifant par fes manières, agréable par fa gaieté, a dû la plupart de fes fuccès à fon bonheur. Il y avoit en lui quelque chofe qui reffentoit l'aventurier ; & dans la plus grande élévation, il a pu exciter la crainte, & n'a jamais infpiré le refpect. Il étoit rufé, patient, temporifoit, promettoit, leurroit par des efpérances ; c'étoit un homme habile, plutôt qu'un grand homme. La gloire avoit peu de prise sur son ame, dominée par l'intérêt; il s'est soutenu par le bonheur, par la patience, & c'est en régnant sur une femme qu'il a régné sur la France.

Madame de Chevreuse avoit de l'esprit, & souvent des idées heureuses, des ressources inattendues, qui avoient l'air de l'inspiration. Elle avoit dans ses manières de la séduction, & une nonchalance qui contrastoit d'une façon piquante avec un esprit ardent. Les diverses époques de sa vie étoient marquées par la faveur, la grandeur, l'exil, l'abaissement, la magnificence & le besoin. Après l'amour, ce qui dominoit

minoit le plus dans elle étoit la passion de l'intrigue ; elle ne pouvoit renoncer aux plaisirs de l'un, & à l'agitation de l'autre. Les négociations, les rendez-vous nocturnes, les déguisemens avoient pour elle un charme infini ; & les plaisirs communs, les intérêts ordinaires de la Société, comparés aux grands objets qui avoient intéressé son esprit, étoient pour elle ce que seroit à un gros Joueur un petit jeu de commerce. L'amour étoit un moyen d'intrigue pour elle, & l'intrigue un moyen de servir son amour. Abandonnée à son Amant, fidèle à ses amis, elle avoit de la fierté, du courage; ne connoissoit rien d'impossible, par l'habitude d'avoir vu

réussir les entreprises les plus difficiles. Elle ne croyoit à la vertu d'aucune femme, & regardoit l'amour comme le seul principe actif qui puisse déterminer des démarches vives & soutenues. Sans l'amour, disoit-elle, on ne dispose jamais entièrement des personnes au moment, & on ne leur inspire ni la volonté, ni la vivacité nécessaire. Madame de Chevreuse voyoit à tel point l'amour & la galanterie dans toutes les affaires, comme le premier ressort, qu'elle me disoit un jour, en voyant le Général des Capucins : « Je parie
» que, s'il nous racontoit sa vie,
» on trouveroit que l'amour & les
» femmes, de près ou de loin, ont
» contribué à son élévation. »

Mademoiselle, dont vous avez entendu raconter les exploits guerriers, & que vous voyez si dévouée à la faveur, enivrée d'un regard du Roi, enchantée d'une parole de ses Ministres; Mademoiselle, qui a touché de la main tant de couronnes, a du bel esprit & fort peu de sens, de l'effervescence dans la tête, de la foiblesse dans le caractère : glorieuse comme une Bourgeoise parvenue, indiscrète par vanité, légère dans ses attachemens, sans suite dans ses projets, elle a supérieurement le don de vouloir, de desirer & d'agir à contre-tems.

M. le Prince, que sa naissance & sa réputation mettoient au-dessus de tous, dédaignoit le rôle de Chef de Parti ; il avoit plus d'amour pour la gloire que d'ambition raisonnée. Il n'avoit fait que passer en quelque sorte de l'assujettissement de l'enfance au commandement des Armées & aux triomphes : habitué à être obéi dans les camps, à n'y voir que des hommes soumis & enthousiasmés de ses talens, il étoit peu fait aux ménagemens : la vivacité de son génie lui rendoit insupportables les lenteurs nécessaires à la préparation des grandes affaires ; il s'irritoit des obstacles, & sembloit vouloir tout ravir de force vive. M. le Prince, par l'éducation qu'il avoit reçue, étoit porté à ménager la Cour, mais il sentoit que ses services lui donnoient de grands droits ;

il ne pouvoit se résoudre à abaisser sa gloire devant la faveur, qui répugne à rendre justice pour n'accorder que des graces.

Ayant si peu à prétendre dans le degré d'élevation où il étoit, peu d'objets lui paroissoient dignes d'une attention suivie; il ne formoit de plan qu'au moment, & comme il n'avoit pas à un égal degré l'ardeur & la patience, il ne suivoit pas constamment ses projets. Supérieur à Henri de Guise par le génie & les talens, il manquoit de cet art de captiver les esprits, de cette popularité qui a fait tous les succès du Balafré. On a voulu les comparer, & jamais il n'y eut moins de rapport, en position, esprit, caractère. M. le Prince prétendoit à l'admiration des hommes, & le Balafré à la domination.

Madame de Longueville, belle, jeune, spirituelle, fut toujours entraînée par sa vanité, gouvernée par ses Amans. Son esprit ne lui servoit de rien; il étoit entièrement subordonné aux idées de celui qui règnoit sur son cœur. Elle n'étoit point ambitieuse, mais avoit envie de faire du bruit, sans vues, sans autre objet que celui de produire un effet dans le monde; elle étoit enchantée de paroître avoir de l'influence dans les affaires. Son foible sur-tout étoit de passer pour avoir de l'esprit, & les artifices les plus contraires à la bonne foi lui plaisoient, dès qu'ils servoient à donner l'opinion de son habileté.

Le Coadjuteur avoit un génie supérieur, de la grandeur d'ame, & une générosité qui alloit jusqu'à la profusion. Il avoit l'art de se faire des créatures & d'inspirer de l'enthousiasme aux uns par son esprit, aux autres par son entier dévouement aux intérêts de ses Amis. Il avoit de la popularité, de l'éloquence, enfin toutes les qualités propres à faire jouer un grand rôle dans un tems de trouble. Son génie étoit au-dessus des affaires, & sa trempe étoit telle qu'il ne pouvoit avoir tout son essor dans une monarchie ; aussi se plaisoit-il davantage à régner sur les esprits, à former des partis, à les opposer les uns aux autres, à dominer par son éloquence, à diriger par son habileté, qu'il n'auroit été satisfait dans la place du premier Ministre, où l'autorité semble tout applanir & laisser moins d'action au génie. Il ne concevoit jamais rien qui ne fût grand, & se perdoit quelquefois dans le vaste. Les crimes ne lui auroient rien coûté dans un moment décisif; la grandeur & l'éclat de l'objet l'auroient emporté sur tout principe, auroient fait taire en lui tout sentiment. Sa tête étoit remplie d'une grande érudition en matière de conjuration : il avoit étudié les ressorts des anciennes conspirations, savoit par où chacune avoit réussi ou manqué. Enfin, cette partie de l'histoire, si chère à son cœur, lui étoit familière, comme les détails de la guerre à un homme qui se destine au commandement des Troupes, comme les loix à un Magistrat éclairé : il auroit pu professer les conjurations.

Parlerai-je de Monsieur ? ce nom si grand, si important, se trouve à la tête de toutes les affaires, sous le règne de Louis XIII, & sous la régence. Beaucoup d'esprit, une grande facilité à s'exprimer, un caractère changeant & dissimulé, une ame timide, indolente, & toujours asservie à quelque Favori :

voilà Monsieur tel qu'il étoit, & tel que ses actions le peignent. Son extrême facilité, jointe à sa paresse, le portoit à déférer à l'avis des autres. Monsieur m'a donné souvent lieu de réfléchir aux inconvéniens d'un tel caractère, dans un homme élevé par sa naissance ou ses dignités. Le désagrément de voir un visage triste & mécontent, a mille fois précipité les Rois & les Grands dans les plus terribles embarras. Il ne falloit qu'un quart d'heure de fermeté pour s'opposer à une demande injuste, combattre une opinion dangereuse, souffrir l'aspect d'un visage chagrin & soucieux : des années d'agitations & de travaux, le sacrifice des plus chèrs intérêts, n'ont pas suffi ensuite pour réparer un moment de foibleſſe.

M. le Prince vint chez moi, deux jours avant que le Roi ſortît de Paris : il me parut irrité au dernier point de l'audace du Parlement & des Compagnies ; cependant j'avois des notions aſſez ſûres qu'il avoit des liaiſons fort étroites avec Longueil & le Coadjuteur. Je m'appliquai, pendant la converſation, qui fut aſſez longue, à démêler ſes véritables ſentimens, qu'il étoit moins que perſonne maître de cacher. Il s'emporta contre la Ducheſſe de Longueville ; il fit des railleries amères du Prince de Conti, qui vouloit entrer dans le Conſeil : Si les Singes se réunissoient en Nation, il pourroit, me dit-il, en être le premier Ministre. Le Coadjuteur ne fut pas épargné. Je vis clairement à travers toutes ces déclamations, que M. le Prince prendroit peut-être le parti du Parlement, poussé par la jalousie de l'autorité de Monsieur, & par la crainte de ne jouer que le second rôle dans une circonstance aussi critique; mais que si la Reine se déterminoit à des moyens décisifs, à faire venir une armée à Paris, il seroit pour la Cour. Assuré de commander l'armée, dont Monsieur ne seroit qu'un Général en peinture, il sentoit qu'il seroit le maître de pousser les affaires, & d'attirer toute la gloire à lui.

Enfin, c'étoit rentrer dans son élément, que de se trouver à la tête des troupes.

Après avoir discuté tous les moyens de maintenir l'autorité ébranlée de jour en jour, & de mettre fin aux troubles, je ne puis avoir qu'un avis, me dit-il : c'est avec une Armée au-dedans de Paris, qu'on en imposera au Parlement & au Peuple. C'est en logeant le Roi à l'Arsenal, qu'il peut être en sûreté & donner la loi : tout autre moyen est insuffisant ; si l'on suit mon avis, je réponds que dans trois jours tout tremblera ; &, si l'on veut, je me charge de la haine des grandes Robes & du Peuple.

Le Cardinal de Richelieu, lui dis-je, auroit pris ce parti, mais il n'auroit pas fait commander l'armée par le premier Prince du Sang, qui, devenu l'unique appui de la Cour, auroit été le lendemain le maître du Ministre. Le Cardinal sentira que vous pourrez tout exiger, que le Cabinet vous sera soumis, & qu'il sera réduit à être votre valet. Monsieur craindra également d'être entièrement éclipsé par vous.

Les affaires tournèrent comme je l'avois prévu. La Cour sortit de Paris, au lieu de s'y maintenir avec autorité & force. Cette retraite consterna d'abord; on croyoit que Paris alloit être affamé dans peu & obligé de subir la loi d'un maître irrité; mais les esprits se rassurèrent promptement, & l'on passa de la crainte à l'audace. Il fut aisé de faire sentir aux Parisiens qu'une ville qui avoit une aussi vaste enceinte & tant d'abords, ne pouvoit pas être facilement bloquée; que les vivres y arriveroient malgré tous les obstacles qu'on opposeroit, & qu'on feroit tout au plus exposé à l'inconvénient de les payer un peu plus chèr. Il y avoit du trouble avant le départ du Roi; il y eut une véritable révolte à sa retraite. La séparation des lieux établit dans l'instant deux partis ouvertement déclarés l'un contre l'autre. Le Parlement devint une puissance qui se mit véritablement en état de guerre.

Au milieu du tumulte qui régna pendant les premiers jours, il m'étoit impossible de sortir de Paris pour suivre la Cour ; j'en prévins la Reine, & lui demandai si je devois tout hasarder pour m'y rendre, ou si elle croyoit que je pûsse en y demeurant être utile à son service. Ce n'étoit pas le tems des Négociations. La Reine étoit animée, & croyoit que tout céderoit bientôt à l'appareil des forces Royales, & à la crainte de manquer de pain. Elle m'écrivit de rester, que dans huit jours je la verrois de retour à Paris. Elle n'en doutoit pas. M. le Prince,
plein

plein de mépris pour une armée de de Bourgeois & pour les Chefs, lui inspiroit par ses railleries une présomption, à laquelle elle avoit naturellement beaucoup de pente comme tous les Princes. L'intervalle qui les sépare des autres hommes qu'ils sont habitués à ne voir que dans une attitude de soumission, ne leur permet guère de connoître avec précision l'époque où l'obéissance peut se changer en opposition, la soumission en audace. Dans les tems de troubles, rien n'est indifférent; un mot, un geste produit une révolution soudaine dans les esprits, & l'occasion perdue ne se retrouve plus. Le moment d'employer la force ou la douceur, ne

G

peut être saisi que par le génie, & le génie souvent ne fait rien s'il n'est secondé d'une grande ame.

Je ne fus pas fâchée de rester à Paris, pour y être témoin des grands événemens qui se succédoient ; je n'étois dans le vrai d'aucun parti ; j'étois liée particulièrement avec Madame de Bouillon, dont l'esprit me plaisoit infiniment. Nos caractères se ressembloient peu ; elle avoit autant d'artifice que j'ai de sincérité ; mais le charme de sa conversation resserroit sans cesse une liaison que diverses circonstances avoient formée; elle nageoit, pour ainsi dire, toujours entre deux eaux, & son grand art étoit de ne jamais ouvrir un avis, de ne jamais l'adopter entièrement, mais de laisser seulement entrevoir de quel côté elle pourroit pencher, en se réservant toujours les moyens de s'interpréter, de changer suivant les circonstances. La grandeur de la Maison de Bouillon l'occupoit toute entière, & la manie de la Principauté & d'un rang l'emportoit sur les solides avantages du dédommagement de Sedan ; elle se flattoit de pouvoir rentrer dans cette place.

Le Duc de Bouillon avoit une grande réputation de capacité, & sa réputation m'a paru au-dessus de son mérite ; il y avoit quelque chose d'énigmatique & d'enveloppé dans son esprit, qui imposoit & avoit fait présumer la profondeur ; il étoit à cet égard semblable à M. de Turenne, avec cette différence, qu'on démêloit promptement dans M. de Turenne, que la défiance de lui-même produisoit en lui un certain embarras, qui jetoit de l'obscurité & de l'incertitude dans ses discours ; des éclairs brilloient par intervalle qui écartoient les nuages, & découvroient la profondeur & l'étendue de son génie. On devinoit en quelque sorte M. de Turenne plus qu'on ne le connoissoit. Les occasions se présentoient, & il se montroit supérieur, même à ce qu'on avoit présumé de lui : c'est le seul homme qui, depuis dix siècles peut-être, ait réuni à un degré suprême le respect que commande la vertu & l'admiration qu'excitent les talens. J'ai vu des gens d'esprit, des hommes puissans & capables, avoir des créatures & des partisans ; mais il faut l'opinion de la vertu pour exciter l'enthousiasme public.

M. de Bouillon me témoignoit une considération qui me flattoit : souvent on s'adressoit à moi pour le déterminer à prendre un parti ; j'avois l'attention de lui laisser toujours la gloire de l'invention ou de la décision. Madame de Bouillon m'avoit inspiré cette conduite avec lui, que le succès a toujours justifiée. On ne pouvoit pas prendre une grande confiance dans leur caractère, mais on en avoit une extrême dans leurs lumières.

Les habitudes de M. & de Madame de Bouillon avec l'Espagne, leur donnoient un grand ascendant dans les affaires. C'étoit de ce côté seul que la Cour avoit véritablement à redouter : sans secours étranger, la flamme de la sédition se seroit bientôt éteinte; le Peuple ne pouvoit pas tarder à se lasser de payer les vivres plus chèrs, le Parlement & les Bourgeois de fournir des fonds ; ils devoient naturellement ouvrir les yeux, & voir que les Chefs qui animoient les Compagnies & le Peuple, retireroient seuls les avantages d'une guerre dont le fardeau retomboit entièrement fur le Peuple. Mais fi une armée Efpagnole s'étoit avancée vers Paris, elle eût tenu en échec les troupes du Roi ; la Royauté n'auroit pas couru de hafard, comme du tems de la ligue ; mais les Efpagnols auroient pu faire fubir la néceffité d'une paix humiliante & défavantageufe. M. d'Elbeuf auroit eu de l'argent, M. de Bouillon auroit pu fe faire reftituer Sedan : des gouvernemens, des penfions auroient fatisfait les autres Chefs.

Je m'en expliquai un jour de cette manière avec le Coadjuteur, & je lui dis : » Je ne fuis en peine que de vous. Que peut-il vous revenir,

G iv

qu'un nom moins illustre que fameux ? Catilina & Jean Louis de Fiesque, votre ami, combattoient pour eux ; ils jouoient le tout pour le tout, & la gloire de passer d'une condition privée à la souveraineté peut faire tenter tous les hasards. Mais vous, avec un génie supérieur à celui de ces deux Conspirateurs, quel est le but auquel vous aspirez ? vous pouvez embrâser & détruire ; mais est-il en votre pouvoir d'édifier, de vous élever ? je suppose le Cardinal chassé à jamais ; aurez-vous sa place ? la conserverez-vous ? Destitué, exilé, arrêté peut-être peu de tems après une élévation forcée par les circonstances, vous aurez mis la France en feu, pour occuper pendant trois semaines la niche du premier Ministre : car enfin la Reine n'oubliera jamais que vous l'avez fait trembler. Les Princes pardonnent plutôt les trahisons qu'on leur fait, que les services d'un Sujet trop puissant. «

» Je ne nierai point, répondit le Coadjuteur, que ma position soit très-embarrassante, & malgré ma franchise, vous n'attendez pas de moi que je vous dévoile tous mes projets, & que je vous expose tous mes moyens ; il me suffira, je crois, pour n'avoir pas l'air d'un extravagant, de vous prouver qu'il peut se trouver des chances heureuses dans le jeu que je joue, sans vous dire celles qui fixent mon attention & peuvent être l'objet de mes vœux. Je vous prouverai aussi que je connois & les dangers que je cours, & l'instabilité des personnes en qui je pourrois me confier. La Reine est furieuse contre moi, le Cardinal me déteste; c'est le malheur des circonstances, plutôt que mes fautes, qui m'ont attiré leur ressentiment; & vous le savez, on m'a méprisé, raillé, on a formé des projets de m'arrêter, lorsque je n'avois d'autre tort que celui d'avoir été utile: l'intérêt de ma sûreté, & peut-être, je ne le cacherai pas, un certain penchant pour les révolutions des États, penchant inné en moi, & fortifié par mes premières lectures, font les principes qui ont déterminé ma conduite. M. le Prince est au fond bien disposé pour moi; Monsieur ne m'aime pas, parce que son vil Favori me craint, j'ai la plus grande influence dans le Parlement, je suis maître du Peuple : Voilà le beau côté. Mais M. le Prince m'abandonnera en m'estimant; le Parlement me fera mon procès, pour avoir fait ce qu'il aura prescrit trois jours auparavant par ses arrêts; & le Peuple qui prendroit les armes aujourd'hui au moindre ordre que je donnerois, me verroit tranquillement mener demain à la Bastille. Je ne me confie donc pas aveuglément dans mes moyens; mais en connoissant leur insuffisance, je fais aussi quelle peut être leur valeur.

» Le Parlement bien entretenu dans sa chaleur, poussé par l'esprit de faction qui anime quelques-uns de ses membres, peut porter les choses à l'extrême, le Peuple le seconder & faire trembler la Cour, enfin forcer le Cardinal à passer les monts. Il ne restera plus alors que des Ministres subalternes, dont aucun n'osera prétendre à la première place, si ce n'est M. de Château-neuf. Est-il impossible que M. le Prince me préfère pour la remplir ? La Reine me déteste : l'intérêt de son repos la décidera ; elle croira tout pacifier en donnant sa confiance à un homme qui lui répondra du Parlement, à un homme chèr au Peuple & ami de M. le Prince; elle se trouvera en sûreté de tous les côtés; enfin, elle est femme, & trois mois d'accès d'assiduité peuvent changer les dispositions. Voilà d'abord une perspective possible à imaginer : je dis possible, car il n'est pas vraisemblable d'arriver par la faction au Ministère. Si j'étendois ma vue dans l'horison le plus vaste, je verrois peut-être la Reine se discréditer de plus en plus dans l'esprit des Grands & du Peuple, devenir odieuse ainsi que son Ministre, Monsieur méprisé par ses irrésolutions & son attachement à la

Rivière ; je suppose que dans ces circonstances, M. le Prince couvert de gloire, fixant les yeux de la France & de l'Europe, ose aspirer à la Régence : alors je détermine le Parlement en sa faveur, l'Espagnole est mise dans un couvent & tout le monde y applaudit, Monsieur est rélégué à Blois, où il examinera tout à son aise ses médailles ; croyez-vous que je ne puisse pas me flatter d'être le Maître du cabinet sous la Régence de M. le Prince, qui a autant de dégoût pour les affaires & peut-être d'incapacité, qu'il a de talens pour la guerre ?

» Je vais me réduire à des objets

moins élevés. La Cour, dans un des momens où elle aura befoin de moi, ne me refufera pas le Gouvernement de Paris, & des avantages pour mes Amis, des Brevets, des Gouvernemens, des Penfions. Cardinal néceffairement par la fuite des tems, Archevêque & Gouverneur, ces dignités réunies ont de quoi fatisfaire une ambition modérée. Pour conferver ma confidération & effacer toute impreffion de l'efprit de la Reine & des Miniftres, je n'aurai qu'à fuivre fidèlement mes devoirs, & je trouverai moyen de les concilier avec mes plaifirs ; que puis-je attendre de plus fi l'autorité s'affermit ! Peut-être me direz-vous que j'aurois pu obtenir plus sûrement ces avantages, ou d'équivalens, en restant attaché à la Cour. J'en conviens; mais forcé en partie par les circonstances, j'ai pris une autre route pour y parvenir; il m'auroit fallu ramper sous Mazarin; c'est en dévorant des dégoûts, en multipliant les bassesses, que je me serois traîné lentement & sans gloire, où je puis m'élever à travers des dangers compensés à mes yeux par l'indépendance & la célébrité. Voulez-vous, ajouta-t-il, une autre perspective ? Il est possible que la Reine & son Ministre me fassent l'honneur de continuer à me craindre, & ne puissent se résoudre à me laisser dans Paris: dans cette supposition, vous penserez ferez certainement qu'on fera trop heureux de fe débarraffer de moi fans violence : la furintendance des affaires de l'Italie, le payement de mes dettes & des graces pour mes amis ne peuvent alors me manquer ; j'emporte à Rome, où le Cardinal eft détefté, la gloire d'avoir triomphé de toute fa puiffance, d'avoir été l'arbitre des affaires ; je me trouve enfin comme ces illuftres Athéniens honorés de l'oftracifme. Vous allez m'objecter qu'un affaffinat peut mettre fin à tous mes projets, & que le fort du balafré doit m'intimider ; que je puis être arrêté & finir comme le Maréchal de Biron ou celui de Montmorency. J'en conviens, mais faites attention que le Cardinal, tout puissant qu'il est, se trouve menacé des mêmes dangers. Il y a plus d'exemples de Ministres, de favoris odieux au peuple, qui ont péri par la main d'un factieux, que de sujets puissans assassinés par l'ordre d'un Souverain. Quant au procès, si le Cardinal étoit demain arrêté par un parti & remis entre les mains du Parlement, doutez-vous qu'il fût difficile de le condamner justement comme concussionaire, & qu'on balançât un instant à donner un aussi grand exemple, qui rendroit à jamais les Ministres soumis aux Parlemens ?

» Je crois vous avoir démontré que dans ma position, il est de grands avantages à prétendre, de grands dangers à craindre ; mais que ces dangers ne font pas plus à redouter pour moi que pour le premier Ministre. Cette dernière confidération me paroît frappante, & n'a pas échappé au Cardinal Mazarin, à qui, je crois, elle fait paffer de tems en tems de fort mauvaifes nuits : mais enfin, il en faut revenir à un point, je ne puis plus regarder derrière moi dans le mouvement général, il ne m'eft pas permis d'être tranquille fpectateur ; je n'agis point au hafard, mais le hafard fera beaucoup ; une maladie, une mort, une fottife peuvent changer la face des affaires ; qui peut calculer ces incidens ? Je vais finir par une observation importante. M. le Prince est trop près du Trône pour l'ébranler, & lui seul peut porter de grands coups, parce que lui seul a du génie, de l'audace & des talents joints à une naissance Royale. Si M. le Prince étoit un six ou septième Prince du Sang, peut être seroit-il tenté du rôle du balafré; il iroit plus loin, & la France pourroit être divisée : mais il touche de trop près à la Royauté, il est trop intéressé à maintenir dans son entier un héritage, que la mort de deux enfans peut demain mettre en sa possession. . . . . *

---

* Ici manquent plusieurs pages.

La paix se fit, & les recueils du tems vous ont instruite des divers articles du traité. Je ne vous en parlerai pas : mon intention n'est que de vous peindre les personnages qui ont joué les premiers rôles, de vous tracer les événemens qui m'intéressent, & ceux où j'ai eu part. Le Cardinal eut le plaisir de voir à ses pieds ceux qui s'étoient livrés aux plus grands emportemens contre lui. Les députations des Cours effacèrent pour un instant à ses yeux ce que leurs arrêtés, leurs assemblées, leurs propos avoient pu avoir d'effrayant & d'humiliant pour lui. Remarquez, je vous prie, & l'histoire vous le rappellera sans cesse, que rien ne ressemble plus au Peuple que les Compagnies ; dès qu'elles sont hors du cercle des devoirs & des occupations qu'elles décrivent, tous leurs mouvemens sont déréglés ; elles n'agissent plus que comme le Peuple, & parcourent dans un court espace de tems les extrémités les plus opposées.

La paix étant faite à Paris, les Provinces suivirent dans peu l'exemple de la Capitale. Le calme ne fut pas long : il restoit dans les esprits un germe actif de fermentation, entretenue par le mécontentement des Peuples accablés d'impôts, & par l'ambition inquiète de quelques personnes. La foiblesse

reconnue du Gouvernement avoit appris ce qu'on pouvoit oser. Il est des plaies qui ne se guérissent que par le fer & le feu, & que les palliatifs aigrissent : l'autorité combattue & méprisée ne peut se relever que par la terreur. Chacun songeoit à ses intérêts, & il étoit évident, qu'en suscitant des embarras à la Cour, on lui feroit faire, pour en sortir de nouveaux sacrifices utiles aux chefs & aux particuliers. . .
. . . . *

M. le Prince ne tarda pas à manifester de nouvelles prétentions, il ne mettoit pas de bornes aux

---

* Il y a ici deux pages de déchirées.

faveurs qu'il se croyoit en droit d'attendre de la Cour. L'amirauté lui fut refusée : il se plaignit avec hauteur & traita le Cardinal avec mépris. La crainte qu'il inspiroit étoit une raison de le ménager; mais c'en étoit une aussi de ne pas lui accorder ce qu'il demandoit d'un ton de maître, & ce qui pouvoit servir à augmenter sa puissance. Le Cardinal fit négocier auprès de lui, l'amusa par des espérances, lui accorda le pont de l'arche pour M. de Longueville, gagna avec de l'argent ceux qui avoient du crédit auprès de lui, & parvint à un racommodement platré & qui ne fut pas de longue durée ; mais effrayé de l'ascendant qu'il acqué-

roit chaque jour, & de ses liaisons avec les Frondeurs, il crut qu'il étoit de son intérêt de le brouiller avec eux. . . . .
. . . . *

Un événement qui fit le plus grand bruit & qui est encore un mystère, acheva de brouiller les frondeurs avec M. le Prince. M. le Cardinal lui donna l'avis qu'il y avoit des gens postés par le Duc de Beaufort & le Coadjuteur pour l'assassiner ; un des Ministres le confirma. On l'engagea, pour sçavoir à quoi s'en tenir, d'envoyer son carosse vers la place Dauphine. Un

---

* Ici se trouvent quelques pages déchirées.

coup fut tiré sur la voiture du Prince, & un Laquais qui étoit dedans fut tué à ce qu'on assure. Les uns ont cru que M. le Prince avoit joué cette comédie pour avoir un motif de poursuivre les Chefs de la Fronde; les autres que c'étoit une ruse du Cardinal pour opposer le Prince aux Frondeurs, & les animer à jamais contre lui par le soupçon qu'il jetteroit sur eux. Je ne doute pas que cette interprétation ne soit la véritable, & plusieurs circonstances m'ont donné lieu de le croire dans le tems. On prit trop de soins d'avertir M. le Prince, & les avis vinrent de la Cour. Enfin dans ce tems même, le Coadjuteur agissoit sourdement pour se raccommoder avec M. le Prince, & réunir ses Partisans avec les Frondeurs. Il est impossible de croire qu'il eut, dans ce même moment, formé une entreprise contre lui. Lorsque le Coadjuteur vit qu'il ne pouvoit réussir à cette confédération, il joua son jeu ; il chercha à perdre M. le Prince & à ramener les Frondeurs au parti de la Cour. Il falloit aller au jour la journée dans des circonstances où aucun plan fixe ne pouvoit être suivi, où aucun Chef n'avoit un but déterminé. Le seul Cardinal savoit ce qu'il vouloit, de l'autorité & de l'argent. Les autres desiroient en général de l'expulser ; mais ils se proposoient encore plus de l'embarrasser pour en obtenir des avantages. Lorsqu'on croyoit M. le Prince en état de les procurer, on se tournoit vers lui, ou pour la Cour, suivant les circonstances & les frais qu'elle faisoit. Plusieurs s'agitoient sans objet, par un besoin de mouvement, & parce que l'intrigue étoit du bon air. Quelques grains de vengeance, toujours mêlés à beaucoup d'intérêts particuliers, étoient la première cause du mouvement général. Tel qui déclamoit avec véhémence contre Mazarin, auroit fait des vers à sa louange pour mille écus de pension, un autre pour un Gouvernement, & ainsi jusques au au premier & au plus acharné des Frondeurs. M. de Senneterre entendant un jour comparer les troubles de ce tems à ceux de la ligue, levoit les épaules. La Reine qui trouvoit les circonſtances très-critiques, lui demanda avec aigreur ce qu'il y avoit à faire, puiſque ces troubles lui paroiſſoient ſi peu importans, « Refuſer tout & à tous, dit M. de » Senneterre. Aucun Prince ne pré- » tend à ſe faire Roi, à démembrer » la France, à établir une autre Re- » ligion. Les grands intérêts qui » changent la face des États, n'ani- » ment point les eſprits: il ne s'agit » que de gouvernemens, de pen- » ſions & de tabourets. Que votre » Majeſté temporiſe juſqu'à la ma- » jorité du Roi, qui n'eſt pas éloi- » gnée ; alors un nouvel ordre de

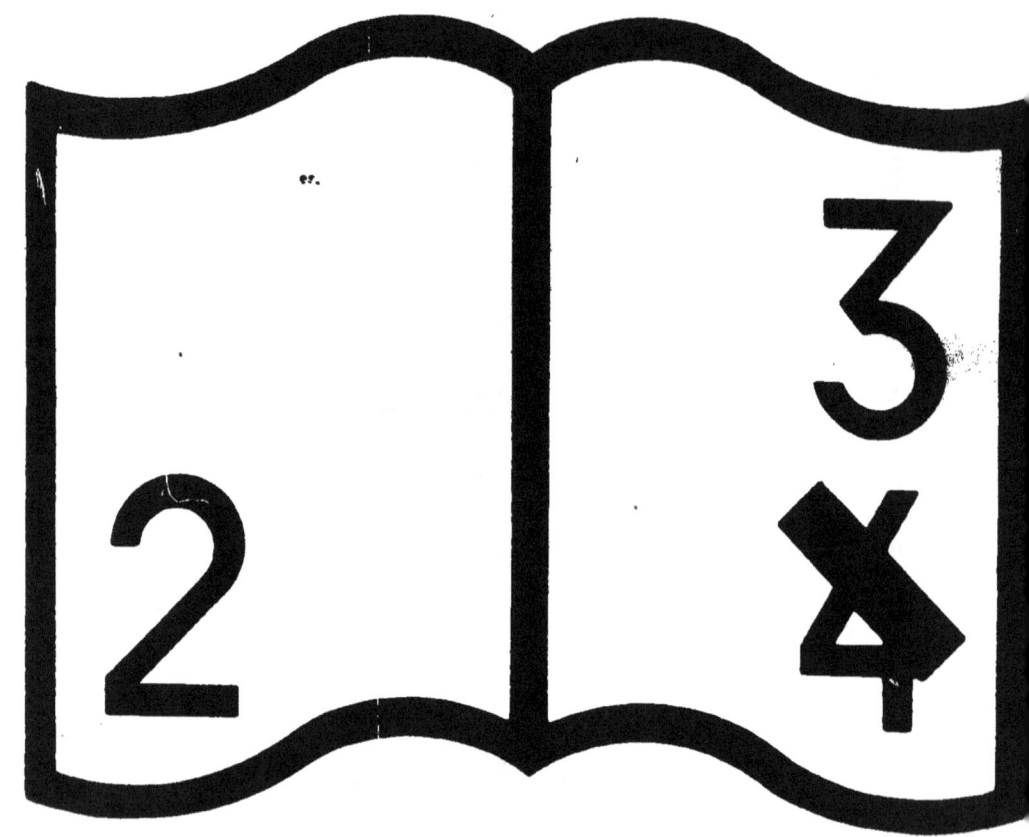

Pagination incorrecte — date incorrecte

NF Z 43-120-12

» choses peut être établi avec auto-
» rité, & suivi avec fermeté ; les
» esprits préparés à un changement
» se soumettront, sur-tout si l'on
» engage le Roi à parler, & qu'on
» persuade qu'il a parlé de lui-
» même, & qu'il soutienne ses dis-
» cours par des actes d'autorité.
» Que le Roi rassemble douze mille
» hommes aux environs de Paris,
» & qu'alors, de lui-même, sans
» déférer à aucune proposition, &
» par un sentiment de justice tem-
» pérée d'indulgence, il rende
» une déclaration portant une am-
» nistie générale pour tous ceux
» qui rentreront dans leurs devoirs
» à une époque fixée, & menace
» de la rigueur des loix les per-

» sonnes de tout rang qui s'expo-
» seront à l'encourir; qu'il défende
» enfin aux Compagnies de se mêler
» des affaires de l'État ; je demande
» à Votre Majesté, si quelqu'un
» osera entreprendre contre l'auto-
» rité, après une déclaration ren-
» due les premiers jours d'un nou-
» veau règne, & qu'on saura émaner
» du Souverain. Je suppose qu'en-
» traîné par l'exemple du passé, il
» se trouve quelqu'un d'assez hardi
» pour exciter des troubles ; il faut
» alors ne pas se borner à le faire
» arrêter, mais lui faire faire son
» procès par le Parlement lui-
» même suivant les loix de l'État.
» Voilà, dit-il, Madame, les
» moyens simples de vous dégager

» de tout embarras, de rétablir
» l'ordre & la paix. La majorité est
» une époque précieuse pour l'au-
» torité, qu'il ne faut pas laisser
» échapper; tout dépendra des pre-
» miers momens. On croira avoir
» un nouveau maître, & il le sera
» s'il veut l'être, si les anciens Ac-
» teurs se cachent derrière la toile,
» & ne laissent paroître que le Roi ;
» quelques phrases, ses gestes, ses
» regards feront plus que toutes les
» négociations de M. le Cardinal
» & des Ministres. Vous convien-
» drez que je n'ai pas tort de n'être
» pas alarmé de troubles auxquels
» il est si facile de remédier par des
» voies justes & légitimes. Il se
» peut, j'en conviens, que deux
» ou

» ou trois personnes aient le sort
» du Maréchal de Montmorency.
» C'est un malheur, mais il est
» préférable mille fois aux troubles
» qui règnent, à l'anarchie, à la
» guerre civile, enfin aux conquêtes
» sur la France, que nos troubles
» intérieurs peuvent faciliter aux
» Etrangers. »

Je ne pus disconvenir que M. de Senneterre n'eût complettement raison, & la Reine fut de même avis............... *

Une aventure ridicule vint se

---

* Ici manquent plusieurs feuillets.

mêler aux grands intérêts du moment, & fut l'entretien de la Cour, de la Ville, des Provinces, & de l'Europe. Je m'appercevois depuis quelque tems des regards passionnés du Marquis de Jersey, lorsqu'il étoit avec la Reine. Il tomboit dans la rêverie & les distractions, il en sortoit par les empressemens les plus marqués, & se livroit à des mouvemens de haine contre le Cardinal, qui présentoient l'idée de la jalousie. La Reine eut l'air de n'y pas faire attention, & continuoit à le bien traiter. Ses manières de jour en jour devinrent moins difficiles à interprêter, & il fit parvenir à la Reine des lettres qui, sans contenir des déclarations précises, dévoiloient assez clairement ses tendres sentimens. Madame de Chevreuse, plus habile que personne en amour, s'apperçut bientôt que Jersey jouoit un rôle, & n'étoit qu'un amoureux de commande. Elle ne tarda pas à soupçonner qu'on avoit profité de sa facilité pour l'engager à faire le passionné pour la Reine. L'indiscrétion d'un Confident vint presqu'aussi-tôt changer les soupçons en certitude : on fit voir à la Reine des brouillons de lettres qui devoient lui être envoyées par gradation. J'ai su à cet égard des détails que j'ai oubliés ; mais je me souviens que cette comédie avoit été imaginée à l'Hôtel de Condé; on croyoit que Jersey s'insinueroit assez avant dans les bonnes graces de la Reine pour avoir quelque part dans sa confiance. Jersey, par ce moyen, instruit des dispositions secrètes de la Reine, auroit pu être utile au parti de M. le Prince, en l'avertissant, & en donnant, suivant les circonstances, de faux avis à la Reine. On se flatta que s'il obtenoit quelque place dans le cœur de cette Princesse, M. le Cardinal perdroit quelque chose de son ascendant. Dès que la Reine connut cette intrigue, sa colère contre Jersey fut au comble : elle me parla de le faire jeter par la fenêtre ; & M. de Senneterre & moi, nous eûmes bien de la peine à obtenir un moment de calme pour raisonner & démêler les principes de la conduite de Jersey. Je ne prenois aucun intérêt à Jersey, mais je représentai à la Reine, que ne paroissant ici que comme un instrument qu'on faisoit agir, il étoit au fond moins criminel que ridicule; qu'il ne valoit pas la peine d'un éclat, qui d'ailleurs pouvoit n'être pas sans inconvéniens, & qu'il étoit des moyens plus doux & plus prudens de confondre cette intrigue. J'appuyai mon avis sur plusieurs considérations, qui parurent faire impression; mais la Reine vouloit se venger de Jersey & de M. le Prince; & comment satisfaire son ressentiment, si elle avoit l'air de ne pas s'appercevoir de cet insolent projet? Si elle continuoit à bien traiter Jersey, c'étoit paroître l'encourager dans son extravagance; le Public, qui en seroit bientôt instruit, seroit persuadé que la Reine souffroit avec complaisance ses empressemens. Il me vint alors une idée propre à débarrasser la Reine de cette crainte, & à faire retomber le ridicule sur Jersey, sans faire aucun éclat. Il y avoit auprès d'elle une folle qu'on appelloit la Reine Marguerite, qui étoit d'une figure assez agréable; elle étoit toujours mise à l'antique, & d'une manière extraordinaire. Cette folle, dont la Reine s'amusoit, avoit par fois des reparties très-heureuses, souvent trop de liberté, & ne ménageoit personne quand elle croyoit plaire à sa Maîtresse & entrer dans ses sentimens. Marguerite se tenoit ordinairement dans un petit cabinet attenant la chambre de la Reine, & plusieurs personnes entroient chez elle pour s'en divertir. Je proposai à la Reine de lui faire dire d'y attirer Jersey, & lorsqu'il seroit seul avec elle, de se mettre à crier comme s'il lui faisoit violence, de sortir en désordre, de venir porter des plaintes à la Reine de l'insolence de Jersey, d'assaisonner enfin son récit des circonstances les plus ridicules pour lui. « Jersey sera, dis-je, à l'instant l'objet des railleries de la Cour. Vous en plaisanterez comme une autre, & M. le Cardinal lui parlera sérieusement sur l'indécence de sa conduite. Tout le monde s'entretiendra de Marguerite, & croira qu'elle a été le seul objet des empressemens amoureux de Jersey. Il niera; mais il n'aura point de preuves à donner. On ne pourra imaginer que c'est une Comédie arrangée; car il sera impossible d'en deviner le motif, & de supposer à cette folle un intérêt pour inventer une telle fable. Vous pourrez même, dis-je à la Reine, au bout de quelques jours, d'après l'éclat de cette affaire, & sur les représentations de M. le Cardinal, interdire le Louvre pour un certain tems à Jersey. M. le Prince le soutiendra, & à sa sollicitation vous lui pardonnerez ». Cette petite Comédie auroit produit tout son effet, & vengé la Reine par la confusion

de Jersey. Mon projet fut goûté ; mais elle ne put se contenir : dès le soir même elle s'emporta contre Jersey, & le lendemain lui fit une scène, & l'accabla de mépris devant tout ce qui étoit dans son cabinet. « Vous faites l'Amoureux, lui dit-
» elle, M. de Jersey. Voyez le beau
» Galant ! il faudroit vous envoyer
» aux Petites-Maisons. » (a) . . .
. . . . *

LaReine paroissoit depuis quelque tems plus irritée que jamais

---

(a) Madame de Motteville rapporte la chose dans les mêmes termes.

* Ici se trouve une lacune.

des hauteurs de M. le Prince. On ne voyoit point de terme à ses prétentions & à celles de son Parti, & je remarquois qu'elle se contraignoit absolument pour le bien traiter. Les choses étoient venues au point qu'il sembloit nécessaire qu'elle renonçât au Cardinal, ou qu'elle privât les Princes de leur liberté; il paroissoit bien plus probable alors, que le Cardinal céderoit à l'orage. Monsieur étoit au fond peu disposé en faveur des Princes; mais les Princes s'en embarrassoient peu, assurés de la Riviere, son Favori, qui trahissoit son Maître, & dont l'intérêt étoit de voir le Cardinal éloigné des affaires. La Riviere se flattoit du chapeau qu'il avoit osé disputer au

Prince de Conti ; & se trouvant dans le Conseil, revêtu de cette dignité, il ne désespéroit pas de remplacer Mazarin. La dignité de Cardinal étoit desirée ardemment par Chateauneuf, par le Coadjuteur & par la Rivière, comme un moyen d'être à la tête des affaires. Le chapeau met hors de pair pour le rang, & la puissance semble devoir suivre le respect, & devenir le partage de celui qui précède les autres. Je fus pendant quelque tems bien éloignée de soupçonner que le Cardinal osât faire arrêter les Princes, & je crois que les railleries & les manières méprisantes de M. le Prince ont plus contribué encore que la crainte de sa puisfance à faire prendre ce parti extrême. Les marques de mépris ont peut-être causé plus de révolutions, que les plus injustes traitemens & même la cruauté. Il n'y a point de haine irréconciliable, quand l'amour propre n'est point blessé. Le souvenir des maux s'efface avec le tems, ou disparoît avec eux; mais le mépris est un breuvage amèr, dont le goût revient sans cesse. L'aventure de Jersey avoit outré la Reine jusqu'à la fureur contre M. le Prince. Les Frondeurs attisoient ce feu déja très-violent, & le Coadjuteur étoit bien loin de chercher à l'éteindre. Ennemi de M. le Prince, & encore plus ami des partis d'éclat, des moyens extrêmes ; il avoit concerté avec Madame de Chevreuse le projet d'arrêter les Princes. L'affection de la Reine pour le Cardinal Mazarin, étoit dans ce tems-là plus vive peut-être que jamais. L'idée de s'en séparer ne pouvoit entrer dans son esprit, & elle sentoit que la conservation de son Ministre étoit incompatible avec l'ascendant que s'étoit arrogé M. le Prince. Si elle avoit pu résoudre son cœur à un aussi grand sacrifice, on auroit bientôt exigé l'abandon des Sous-Ministres ; & M. le Prince, après avoir chassé le Conseil, l'auroit composé à son gré, il seroit devenu Régent par le fait. L'intérêt de l'autorité se trouvoit donc fortifier celui que la Reine prenoit au Cardinal. Le ressentiment de M. de Noirmoutier contre M. le Prince, celui de M. de Laigues, Amant de Mademoiselle de Chevreuse, les portoit à concevoir les plus violens projets, & à les proposer suivant que les circonstances leur paroissoient favorables à l'exécution. La haine, la politique, la vengeance, & une foule d'intérêts particuliers concouroient à faire prendre le parti d'arrêter les Princes. Le secret fut gardé par un assez grand nombre de personnes, & le mystère qu'on en fit à la Riviere annonça qu'il avoit perdu toute confiance, & fut le prélude de sa prompte disgrace. Madame de Longueville étoit chez moi, lorsqu'un Gentilhomme de M. le

Prince de Conti accourut hors d'haleine, l'avertir que les Princes étoient arrêtés. Elle jeta un grand cri, & s'évanouit. Tout ce qui étoit dans la chambre parut consterné. On s'agitoit, on demandoit les circonstances, on élevoit des doutes, on raisonnoit sur les causes, & l'on s'attendoit à des suites terribles. L'abattement, les projets de vengeance dominoient tour-à-tour les esprits ; mais on ne songeoit pas à prendre de parti. Le tems pressoit cependant, & je ne doutois pas qu'il n'y eût bientôt des ordres pour arrêter Madame de Longueville. M. de la Rochefoucault arriva dans le moment où elle commençoit à reprendre l'usage de ses sens. Des pleurs, des sanglots, des déclamations contre la Reine, des imprécations contre le Cardinal, servirent comme d'issue à sa douleur. M. de la Rochefoucault lui remontra qu'elle perdoit un tems précieux, & qu'il couroit lui-même de grands dangers. Chaque personne qui arrivoit, redoubloit les terreurs par ses récits, & on craignoit de voir investir ma maison. Ce ne fut pas sans peine, que nous déterminâmes Madame de Longueville à penser à sa sûreté. Elle fut plutôt portée, que conduite dans sa voiture. Je l'accompagnai jusqu'à une petite maison du Fauxbourg Saint-Germain, où elle pouvoit se dérober aux recherches, jusqu'au moment

moment où le calme de son esprit lui permettroit de s'occuper de sa situation, & de pourvoir à sa sûreté. Son entrevue avec M. de la Rochefoucault, qu'elle devoit quitter dans peu, fut très-touchante : il n'a jamais passé pour avoir le cœur sensible ; mais soit que sa passion pour Madame de Longueville fût plus sincère & plus vive qu'on ne l'a cru, soit que le trouble extrême, causé par l'évènement, eût disposé son ame à la tendresse, on ne peut rien se figurer de plus attendrissant que leurs discours en ce moment. Il est des situations où toutes bienséances sont oubliées ; & tous deux, occupés de leurs sentimens, ne songeoient nullement aux témoins qui les entouroient.

M. de la Rochefoucault s'exposa, pour la mettre en sûreté, à beaucoup de dangers, en la conduisant avec une escorte considérable jusqu'en Normandie : ils ne furent manqués, à leur départ, que d'un quart d'heure ; & poursuivis sur la route, ils n'échappèrent aux Gardes envoyés par la Reine, que par un hasard miraculeux.

J'avois des liaisons assez étroites avec Madame de Longueville, & avec M. le Prince, & l'intérêt qu'excite la disgrace d'un homme plus éclatant encore par son mérite & ses qualités que par son rang, m'avoit inspiré un grand desir de le servir. Je voyois d'ailleurs que sa détention n'avoit point remédié aux désordres, que l'esprit de faction régnoit également dans toutes les classes, & que l'autorité n'étoit pas plus respectée. Il y avoit dans toute la personne du Cardinal Mazarin quelque chose d'incompatible avec la considération publique; cette espèce de mépris qu'il inspiroit, & qui avoit sa source dans l'absence des qualités de l'ame & dans l'avidité qui le caractérisoit, a contribué beaucoup aux désordres.... J'employai toute mon industrie à bien instruire M. le Prince de ce qui se passoit journellement ; j'allai jusqu'à lui suggérer des moyens de briser ses liens. Sa Famille & ses Partisans n'épargnoient pas l'argent, & l'idée de sa gloire & de sa grandeur opéroit encore plus peut-être sur des Agens subalternes que l'intérêt. Je fis parvenir des billets dans des écus creux. Le Cuisinier du Gouverneur de Vincennes fut gagné ; on mettoit des lettres dans des lièvres & des poulets : enfin, ce qu'on aura peine à croire, je lui fis tenir des épées & des pistolets ; on les inséroit dans des bûches qu'on avoit soin de marquer d'une croix imperceptible à d'autres yeux. Je me flattai deux fois, qu'au moyen des gens qu'on avoit corrompus & des armes dont les Princes étoient en possession „ ils pourroient s'évader : leur translation s'y opposa & déconcerta toutes nos mesures. Je sentis alors qu'il falloit abandonner ces voies incertaines de salut, & les faire sortir par la volonté de la Cour. Je représentai au Cardinal qu'il étoit de son intérêt de leur donner la liberté ; que M. le Prince opposé, comme il l'étoit, aux Frondeurs, deviendroit pendant quelque tems un appui pour lui ; & qu'il étoit plus facile & moins dangereux d'accorder quelques graces à des Princes, que de se laisser maîtriser par un parti composé de personnes avides & ambitieuses, dont tous les trésors & les dignités de l'État ne pourroient satisfaire les desirs. Ces considérations & mes instances n'eurent aucun sucèès ; c'est alors que je formai un projet, dont l'exécution fembloit offrir d'infurmontables difficultés : il ne s'agiffoit de rien moins que de réunir tous les partis en faveur des Princes.

Lorfque je fis part de mon plan à quelques perfonnes sûres, le Coadjuteur fut le feul qui m'entendit & qui démêla la différence de l'extraordinaire & de l'impoffible ; je me fouviens que je lui dis ces propres paroles :

« Vous avez mis M. le Prince
» en prifon, il doit être votre irré-
» conciliable ennemi ; vous avez
» fervi la Reine avec loyauté & efficacité, & il femble qu'elle doive
» en avoir de la reconnoiffance :

» mais soyez sûr que M. le Prince
» n'est point animé contre vous, il
» sent que vous avez joué votre jeu,
» & vous regarde comme un Gé-
» néral ennemi qui a profité de sa
» position ; la Reine, au contraire,
» ne vous pardonne pas, dans le
» fond de l'ame, de vous être arrogé
» une puissance à laquelle elle a
» été forcée de recourir ; multipliez
» vos services, & elle vous haïra
» d'autant plus qu'elle vous sera
» plus obligée. Si vous contribuez
» à la liberté de M. le Prince,
» il oubliera le passé ; il ne peut se
» dissimuler qu'il vous a forcé à
» ne rien ménager avec lui, &
» il vous saura gré de votre géné-
» rosité ; on applaudira à votre

K iv

» habileté dont il aura profité;
» vous n'êtes point son sujet, &
» votre puissance ne lui portant
» point d'ombrage, il ne sera point
» effrayé des services que vous au-
» rez été à portée de lui rendre.
» C'est une singulière position que
» d'avoir à craindre ceux qu'on
» sert, & de n'attendre de recon-
» noissance que de ceux qu'on a
» persécutés ; c'est la vôtre : réflé-
» chissez-y ».

Le Coadjuteur se rendit à mes raisons. Je lui ajoutai qu'il étoit également essentiel pour lui d'obtenir le chapeau de Cardinal ; que cette dignité importoit à sa considération & à sa sûreté : enfin je lui offris la nomination de ma sœur Marie, Reine de Pologne. Le Coadjuteur se laissa en quelque sorte conduire par mes avis dans cette grande affaire de la liberté des Princes. Il fallut tromper presque tous les partis pour les amener au même but. Il étoit sur-tout important que la Cour n'eût pas le plus léger soupçon que les Frondeurs agissoient pour la liberté des Princes. On prenoit à chaque instant le change sur le but des démarches des différens partis. Les uns croyoient qu'on ne vouloit que chasser le Cardinal, & d'autres mettre les Princes en liberté. Il falloit, suivant les dispositions, montrer seulement l'une des deux perspectives.

J'étois en couche dans le plus fort de ces négociations, & ne pouvant sortir de quelque tems, j'étois fort inquiète par la crainte de voir se rencontrer chez moi des personnes opposées, & qui toutes vouloient avoir l'honneur du succès. Ma négociation auroit été contrariée, si elles avoient été instruites de la part que chacune d'elles pouvoit y avoir : ce n'est pas la seule occasion où j'aie éprouvé que les ménagemens de l'amour propre, les intérêts de la vanité, donnent plus de peines dans les affaires que la conciliation des plus grands intérêts. Madame de Rhodes, dont l'ardeur pour l'intrigue étoit inépuisable, ne s'oublioit pas au milieu de tant de mouvemens; elle négocioit à droite & à gauche, avoit des chiffres de tous les gens accrédités dans les divers partis ; elle couroit jour & nuit, & il eſt inconcevable qu'elle pût ſuffire à ſes rendez-vous & ſes écritures. Sa manie de négocier & de ſe déguiſer me jeta un jour dans un embarras fort bizarre & qui vous paroîtra plaiſant. Elle vint un ſoir me trouver, déguiſée en Auguſtin, afin d'éviter que le Garde des Sceaux, qui avoit des préventions contre moi, fût inſtruit de notre entretien. Pour me parler plus à ſon aiſe & plus bas, elle ſe mit à genoux auprès de mon lit. Une de mes femmes, abſente de l'Hôtel depuis quelques heures, & qui venoit de rentrer, s'imagina que j'avois sonné, & s'empressa d'entrer dans ma chambre. L'attitude de Madame de Rhodes & des paroles prononcées à voix basse qu'elle n'entendit pas, frappèrent, non sans raison, son imagination. Comme les révolutions sont promptes & dangereuses dans l'état où j'étois, la frayeur s'empara de son esprit ; elle s'imagina qu'un accident imprévu m'avoit fait tourner en peu de tems à la mort, & qu'on avoit envoyé chercher mon Confesseur. Elle crut avoir entendu réciter les prières des agonisans, & se mit à fondre en larmes & à crier. L'allarme fut bientôt parmi mes Domestiques.

Mademoiselle d'Averjean, qui demeuroit près de moi en qualité de Demoiselle de Compagnie, fille fort dévote, entra la première, & frappée de la même terreur, se jeta à genoux & se mit à réciter des prières. Bientôt après mes Femmes, mes Gentilshommes, mes Pages remplirent ma chambre de leurs gémissemens. Madame de Rhodes étoit prête à se trouver mal d'inquiétude & de crainte d'être reconnue; elle se cachoit sous mes rideaux & mettoit son mouchoir sur son visage. Malgré l'embarras où j'étois, je ne pouvois m'empêcher de rire aux éclats. Quand je voulus parler, il me fut impossible de me faire entendre; on croyoit que les ris qui interrompoient mes paroles étoient l'effet du transport ou des couvulsions, & les sanglots redoublèrent. Enfin, j'appellai un homme de confiance & je parvins, non sans peine, à lui persuader que je me portois fort bien, & que le Religieux qu'il voyoit auprès de mon lit, avoit desiré me parler en particulier pour une restitution considérable. Je lui ordonnai de le reconduire jusqu'à un carosse de louage, où il étoit attendu par un Frère qui l'avoit accompagné, & qui étoit l'Amant favorisé de Madame de Rhodes, tandis que le Garde des Sceaux n'étoit que l'Amant utile pour les grandes affaires dans lesquelles elle étoit si empressée de figurer. Comme il étoit presque nuit, Madame de Rhodes sortit sans être reconnue, son mouchoir toujours sur la bouche. La nouvelle de ma fin prochaine & même de ma mort se répandit le soir dans tout Paris, & deux cents personnes vinrent pour s'en informer mystérieusement. Beaucoup se persuadèrent, lorsqu'on dit que j'étois très-bien, qu'on cachoit mon état ; ce ne fut qu'en me montrant au Coadjuteur & à M. de Beaufort, que je vins à bout de détruire une nouvelle dont le fondement étoit si ridicule.

Le Duc de la Rochefoucault étoit dans le même tems caché chez moi ; il s'étoit rendu à Paris pour négocier avec le Cardinal, & ses sentimens étoient conformes aux miens. Il desiroit que la liberté des Princes fût l'effet de la détermination volontaire de la Cour. A la haine qu'il avoit pour le Coadjuteur & les Frondeurs, se joignoient des idées de gloire & d'intérêt. Il sentoit qu'il pouvoit tout attendre de la Cour, si la liberté des Princes & leur réconciliation avec la Reine étoient son ouvrage. Ses négociations furent sans fruit ; le Cardinal l'amusa quelque tems, & ne lui donna que des espérances éloignées & incertaines.

Au milieu de tant d'intérêts qui

se croisoient, il étoit bien difficile de servir efficacement les Princes. Chacun ne cherchoit que son propre avantage, & aimoit mieux les laisser dix ans en prison, que de les faire sortir pour fortifier le parti contraire. Chacun aussi vouloit leur liberté à sa manière. Le premier Président, ennemi des partis violens & de la guerre civile, inflexible dans ses principes, attaché aux formes, desiroit sincèrement les servir, mais par les voies judiciaires. Le Coadjuteur qui étoit entré dans mon projet avec ardeur, étoit dans des sentimens absolument opposés. Il vouloit perdre à jamais le Cardinal Mazarin par le retour triomphant des Princes, & s'embarrassoit peu de leurs personnes. Tromper la Cour, l'embarrasser dans ses propres finesses, s'attacher à jamais M. le Prince par le service qu'il lui auroit rendu, attirer vers lui tous les partis, ravir de vive force le chapeau, marier sa Maîtresse à un Prince du Sang: voilà ce que se proposoit le Coadjuteur enivré de toutes les passions, en proie à la haine, à l'amour & à la vanité. Monsieur qui ne pouvoit rien être d'une manière absolue, manqua en partie au secret. Il fit confidence des démarches que faisoient les Frondeurs auprès des Partisans de M. le Prince. Je lui représentai vivement les suites de cette indiscrétion; mais il me fit valoir le secret qu'il avoit gardé sur ses négociations, avec le parti des Princes, par le moyen des Frondeurs. Il s'admiroit de cette discrétion, & je ne pus m'empêcher de dire au Coadjuteur : « le poids étoit trop grand pour Monsieur, & il est soulagé un peu de s'être débarrassé de la moitié du secret. » Il fallut remédier à cette imprudence, en arrêter les suites. Je ne pus en venir à bout, qu'en faisant parvenir sous le secret au premier Président, que Monsieur se moquoit du Maréchal de Grammont & lui faisoit de fausses confidences.

On fit chez moi un projet de requête au Parlement au nom de Madame la Princesse. Elle fut présentée quelques jours après, & cette démarche, qui fut accueillie au Parlement, embarrassa la Cour. Je me trouvai dans cette circonstance l'arbitre en quelque sorte de tous les intérêts, par la confiance de tous les partis ; il sembloit que je tenois par un fil tous les esprits, & que je les faisois mouvoir à mon gré. J'inspirois au Parlement un avis ou des remontrances, & je dictois la réponse de la Cour. J'arrêtois ou laissois agir la fougue du Coadjuteur. Enfin, je trouvois moyen de vaincre la paresse de Monsieur, & de fixer ses irrésolutions.

Il eut quelque velléité d'aller au

Parlement, & plusieurs personnes pensoient que cela feroit un merveilleux effet. Je dis à M. de Rhodez & à Mademoiselle de Chevreuse d'ouvrir cet avis, qui ne manqueroit pas de lui déplaire, & que je m'y opposerois. « En voici, leur ajoutai-je, les raisons. Si Monsieur alloit au Parlement en ce moment, où les esprits ne sont pas encore assez échauffés, son intervention ne seroit pas décisive, & il est à craindre que la Reine voyant grossir la nuée par la présence toujours imposante de la seconde personne de l'État, ne prenne aussi-tôt le parti d'emmener le Roi de la Capitale, & Monsieur qui ne seroit pas encore assez avancé, ne pourroit se dispenser de la suivre. Réservons

Monsieur pour le moment où le Parlement sera plus animé, où il aura fait des démarches qui auront encore plus irrité la Cour. Alors qu'il se présente au Parlement; il y sera regardé comme un Ange tutélaire : la présence du Lieutenant-Général de l'État canonisera tout ce qui aura été fait, & enhardira les esprits à ne plus rien ménager ; Monsieur se trouvera trop engagé avec le Parlement, dont il aura approuvé toutes les démarches; les choses lui paroîtront trop avancées pour reculer, il ne suivra pas le Roi, & la Reine n'osera quitter Paris sans lui : ce seroit une trop grande imprudence à elle de laisser l'Oncle du Roi au milieu de ses Ennemis, tandis que les Princes sont en prison, & qu'elle sera privée aux yeux du Peuple, & des Corps, de tous les appuis naturels du Trône. » Monsieur fut effrayé dès qu'on lui parla d'aller au Parlement; il se tourna vers moi, & je dis que ce n'étoit pas mon avis. Il respira dès qu'il m'eut entendu parler ainsi. J'insistai sur ce qu'il falloit réserver la présence de Monsieur pour un moment décisif. La chaleur du Parlement ne peut aller qu'en augmentant, ajoutai-je; il faut la fomenter, & lorsque Monsieur paroîtra, & se joindra à lui, la Cour qui aura toujours conservé quelque espérance jusqu'à la décision de Monsieur, sera obligée de céder. Comme la liberté des Princes aura été emportée en ce moment, ce sera à lui qu'ils s'en trouveront redevables, ce qui sera dans la vérité, ainsi que dans l'ordre.

Monsieur ne tarissoit pas sur les louanges qu'il donnoit à mon habileté & à la vivacité de ma pénétration, qui, selon lui, approchoit de la prophétie. C'étoit moins, comme vous pouvez penser, parce que mon avis étoit bon, que parce qu'il favorisoit son inaction.

Je n'avois pas peu d'embarras à faire marcher de front en quelque sorte des intérêts opposés ; la liberté des Princes étoit le but auquel je tendois invariablement, & ce ne fut qu'au moyen de traités particuliers, qu'il fut possible d'y parvenir.

Madame de Montbazon me servit beaucoup; j'avois balancé sur l'appas que je lui présenterois; les intérêts du Duc de Beaufort la touchoient médiocrement, elle étoit bien sûre de le gouverner, quelque parti qu'il prît : elle avoit sur lui un ascendant absolu; il s'honoroit de la représentation de son Amant, peu disposé par sa nature à s'assurer de la réalité. Je lui offris plusieurs avantages & hasardai même de parler du mariage de sa Fille avec le Prince de Conti. Elle me demanda tout bonnement de l'argent, & nous convînmes qu'elle auroit cent mille écus, au moment de la liberté des Princes. Madame de Rhodes ne fut pas moins solide dans ses propositions : elle exigea cent mille francs, & un gouvernement pour son Amant. Madame de Chevreuse eut la promesse de faire épouser sa Fille à M. le Prince de Conti. Je vous observerai que quelques personnes se récrièrent contre l'idée de ce mariage ; jamais, me dirent-elles, M. le Prince de Conti & sa Famille ne consentiront à ce qu'il épouse une Fille qui est en commerce réglé & public, avec le Coadjuteur. Vous ne connoissez pas, leur dis-je, l'esprit de parti ; il a ceci de particulier, c'est d'épurer les actions équivoques, & de couvrir toutes les fautes du voile de l'indulgence ; je vous garantis que si le mariage manque, ce ne sera pas à cause de la conduite de Mademoiselle de Chevreuse.

Il va sans dire que le chapeau fût assuré par le concours de tous les partis au Coadjuteur. Enfin, Monsieur avoit pour son partage la charge de Connétable.

Peu de tems avant que tout fût arrêté & conclu entre les Frondeurs, je crus devoir faire encore une tentative auprès du Cardinal Mazarin ; je lui fis parler par Bertet, qui fut à peine écouté ; enfin, je le vis & ne négligeai rien pour le déterminer; je finis, en le quittant, par lui dire : il ne tient encore qu'à vous de vous faire un mérite de la liberté des Princes, à laquelle vous serez forcé dans peu; je ne puis vous parler qu'avec l'obscurité des oracles, mais il n'y en eut jamais d'aussi certain; les Princes sortiront de prison, & vous de la Cour. Il fut un instant frappé de ces paroles; il plaisanta ensuite sur le ton prophétique de ma conversation, & nous nous séparâmes sans avoir rien conclu. Peu de jours après il réfléchit sans doute à mes instances répétées, au ton de conviction qui régnoit dans mes conseils, auxquels l'opinion de ma sincérité donnoit du poids dans son esprit. Sans pouvoir rien pénétrer, il fut porté à croire, en général, qu'il y avoit des menées sourdes dont j'étois instruite, qui pouvoient lui être nuisibles. Bertet vint me trouver de sa part, pour me prier d'employer toute mon influence à retarder de quelque tems l'effet de mes prophéties. Je lui donnai des assurances de paix, mais pour un terme court. Je connus bientôt qu'il n'avoit cherché qu'à éloigner le danger, s'il existoit, pour se donner le tems d'en découvrir la réalité; il persista dans son opposition à la liberté des Princes, & je pressai l'exécution de mon projet par la voie des Frondeurs.

Je parvins à faire signer quatre

traités. Maîtresse de faire prendre à M. le Prince, pour sortir de prison, tous les engagemens que j'aurois voulu, il me sembla de la justice de lui laisser une liberté entière; je m'en rapportai à sa générosité, à sa reconnoissance, & le laissai libre en sortant de prison, de se décider, & suivant ses intérêts, & suivant ses sentimens. Ce que l'équité me dicta n'étoit contraire aux intérêts d'aucun parti. Des promesses extorquées ne peuvent lier personne, & M. le Prince moins que tout autre, parce que je n'ai vu personne dont l'esprit & le caractère fussent plus indépendans. Le mariage de Mademoiselle de Chevreuse fut excepté, mais M. le Prince étoit le maître de rompre, lorsqu'il seroit en liberté............*

La Reine dans la détresse, & j'ose dire l'humiliation où elle se trouva.........** confiance qu'en M. de Senneterre. C'étoit un homme que l'étude des anciens Auteurs, ses réflexions, l'expérience, une sagacité rare rendoient capable de gouverner un Etat. Mais une profonde indifférence pour le bien & pour le mal, son goût ardent pour les plaisirs dans l'âge le plus avancé, un grand mépris pour les hommes, une paresse incurable

---

* Ici se trouve une lacune.
** Il y a ici quatre ou cinq lignes effacées.

ne laiſſoient d'emploi à ſes facultés que pour le Conſeil : il ne ſuivoit rien, il étoit incapable de rien conduire ; mais ſon coup-d'œil ſupérieur démêloit tous les intérêts, lui faiſoit connoître ce que les paſſions, l'eſprit & le caractère de chacun mettroient d'obſtacle ou de facilité dans les affaires. Son arme favorite étoit le mépris, & il étoit perſuadé que la plûpart des choſes s'évanouiſſoient d'elles-mêmes, en ne leur donnant pas de corps par l'oppoſition. Je me ſuis toujours trouvé mieux, me diſoit-il, d'une cuiraſſe de taffetas piqué, que de celle de fer. . . . . *

---

* Pluſieurs pages manquent ici.

étonnantes de ce tems, que de voir un Prince du Sang rechercher une Fille qui paſſoit pour être la Maîtreſſe d'un Prêtre. La Reine, dans les circonſtances critiques, avoit recours à elle pour déterminer ce Prélat, qui ne ſe défendoit nullement de ſes liaiſons intimes, que la Ducheſſe de Chevreuſe favoriſoit, avouoit elle-même. Je vous ajouterai, pour finir ce qui la concerne, quelque choſe de plus étrange. La Deſtinée avoit voué cette Princeſſe au Clergé : après le Cardinal de Retz, elle a aimé encore plus vivement l'Abbé Fouquet, & la paſſion a emporté une Princeſſe de Lorraine, jeune, belle, riche, au point de vouloir lui appartenir en légitimes nœuds.

J'ai souvent remarqué que les factions sont comme le gros jeu & comme tous les grands intérêts, qui font disparoître les distances, & mettent tout de niveau dans les momens de besoin & d'enthousiasme. J'ai conféré dans la plus grande intimité dans ces momens de trouble, j'ai parlé avec les plus grands égards, & sans croire rien faire d'extraordinaire, à des hommes auxquels, dans des tems plus calmes, je ne parlerois que dans mon antichambre. Ne vous êtes-vous jamais trouvée auprès d'une personne bien malade, & dont la vie est chère à tout ce qui l'entoure ? Dans cette situation, une seule pensée occupe tous les esprits, & rend égales toutes les personnes que le même intérêt anime, ou qui font utiles; on traite avec la plus grande familiarité le Chirurgien, la Garde, les Valets empreſſés: il en eſt de même de l'eſprit de parti, le premier des rapprochemens eſt d'entrer dans nos ſentimens.

Le gain de la bataille de Rhétel enfla le courage du Cardinal Mazarin; mais ce triomphe fut de courte durée. Il étoit bien éloigné de ſoupçonner la poſſibilité de la réunion des partis en faveur des Princes, & ſe croyoit au-deſſus de toute crainte. Je fis vainement, comme je vous l'ai dit, pluſieurs tentatives pour l'éclairer, ſans compromettre le ſecret des perſonnes qui concouroient par divers motifs à ce grand événement. Les mesures furent prises avec tant de secret, la haine des Frondeurs étoit si déclarée contre les Princes, que le Cardinal ne put rien démêler de leurs nouvelles dispositions. On souffloit le feu de toute part contre lui, il ne put résister à la conspiration universelle, & fut obligé de sortir de Paris. Il sentit alors combien mes avis étoient fondés, & que, mieux que lui, j'avois connu sa position. Son premier soin, en arrivant à Saint-Germain, fut de m'écrire. « J'ai eu, me disoit-il grand tort » de ne pas ajouter foi à vos pré- » dictions : vous devez être satis- » faite ; les Princes seront en liberté » dans vingt - quatre heures : c'est

» votre ouvrage ; si je vous avois
» crue, ils n'en auroient pas obliga-
» tion à mes Ennemis. Vous n'ai-
» mez pas les Frondeurs, vous les
» avez fait concourir à votre but,
» comme on fait entrer des poisons
» dans un remède salutaire. A pré-
» sent, vous êtes libre de suivre
» votre penchant pour la Reine,
» qui n'est point fâchée contre
» vous. » Il m'exhortoit à m'y attacher entièrement, & c'étoit mon
dessein.

Bientôt après, les Princes furent
mis en liberté. On s'attendoit aux
plus grandes révolutions, à l'arrivée de M. le Prince ; la Reine
étoit irritée & consternée ; il est

certain qu'il pouvoit tout entreprendre.

M. de Senneterre qui étoit, à juste titre, la lumière de la Cour, vint me voir la veille de l'arrivée des Princes; il ne put me cacher son effroi. « Je ne serois point surpris, me dit-il, de voir M. le Prince Régent avec Monsieur dans trois jours. Il a pour lui la Ville, le Parlement, & tous les partis sont réunis en sa faveur. Il n'y a plus de fronde, elle est fondue dans le parti de M. le Prince. Le Ministre est en fuite, la Reine est sans appui & sans conseil. »

» Tout cela est vrai, lui dis-je,

mais il arrive presque toujours que les hommes manquent les momens décisifs. Si M. le Prince, le jour de son arrivée, ne fait pas quelque chose de marqué, qui porte au dernier degré l'opinion de sa puissance, il ne sera plus tems le lendemain. Voici ce qui arrivera suivant mes conjectures. Trop heureux de sortir de prison, il n'a travaillé que pour sa liberté, il n'a pas fait de plan au-delà. Il peut tout entreprendre, j'en conviens ; mais il ne connoît pas ses forces, il ignore la crainte qui règne dans tous les esprits : dans deux jours on sera familiarisé avec lui, l'enthousiasme sera dissipé, la crainte calmée. Sa puissance est dans l'opinion : il n'en profitera pas.

M. le Prince déteste la guerre civile; les négociations l'ennuient ; il est habitué à ménager la Cour : la plus légère faveur, au sortir de la prison, le tiendra en suspens, & lui fera craindre de sacrifier des avantages certains à des projets chimériques, qui le feroient dépendre d'une multitude de gens qu'il hait ou méprise. »

Je ne doute pas que M. de Senneterre, qui fut frappé de mes conjectures, n'ait rendu aussi-tôt notre conversation à la Reine.

Ce que j'avois prévu arriva. Le Garde-des-Sceaux fut sacrifié à la haine de M. le Prince, & il ne tarda

pas à s'attacher à la Cour. Il avoit eu l'air d'abord de vouloir exécuter avec une exacte fidélité son engagement envers Madame de Chevreuse; & la certitude de faire quelque chose de désagréable à la Cour, le portoit à ne pas s'en écarter. Soit passion pour la Princesse, soit desir de se procurer l'appui d'un grand parti, M. le Prince de Conti souhaitoit vivement de voir terminer alors cette affaire . . . .
. . . . *
Le Cardinal qui n'avoit jamais cru que la chose dût avoir lieu, entra dans la plus grande colère contre

---

* Ici manquent deux pages.

Madame de Chevreuse, qu'il accusa d'avoir trompé la Reine. Il s'emporta au point de dire, devant plusieurs personnes, qu'il ne croiroit de sa vie aux paroles d'une femme galante; & il se servit d'un terme plus énergique. Si la Cour étoit alarmée de cette alliance, Madame de Longueville l'étoit encore plus. Son amour propre étoit d'avance tourmenté par la perspective de la rivalité d'une personne plus belle & plus jeune, devenue supérieure à elle par le rang, comme elle l'étoit par tous les avantages de la figure. Elle ne négligea rien pour faire rompre ce mariage; elle fit jeter l'alarme dans l'esprit de la Reine & du Cardinal, par des personnes qui leur étoient dévouées, sur le danger d'unir étroitement avec la Maison de Condé une femme aussi intrigante & artificieuse que la Duchesse de Chevreuse. Madame de Longueville représenta que M. le Prince de Conti, qui faisoit peu d'effet, mais qui enfin étoit Prince du Sang, étayé de tous les entours de Madame de Chevreuse, de l'esprit de la mère, de l'ascendant que la beauté donneroit à sa fille, acquéreroit un grand crédit; qu'il faudroit compter avec lui; en un mot, que c'étoit un zéro auquel le parti de Madame de Chevreuse ajoutoit des chiffres qui lui donneroient de la valeur. La Reine & le Cardinal étoient déja irrités & inquiets. On fit agir auprès de M. le Prince, & les promesses des plus grands avantages furent prodiguées, afin de l'engager à s'opposer à cette alliance : c'est ce qu'il fit avec éclat, & même indécence, ne s'étant pas donné la peine d'en parler lui-même à Madame de Chevreuse. Le Président Viole fut chargé de cette commission, & les ordres de la Reine furent les motifs qu'on mit en avant. La conduite de M. le Prince fut d'autant plus choquante, qu'il n'avoit tenu qu'à lui de rompre avec plus de ménagement. Madame de Chevreuse lui avoit représenté peu de tems après qu'il fut en liberté, qu'elle ne le croyoit pas engagé par des promesses faites pendant sa prison, & avoit offert de lui remettre sa parole.

Comme il defiroit en ce moment faire de ce mariage un épouventail pour la Cour, il n'avoit pas voulu renoncer à fes engagemens. Le Coadjuteur connut alors combien peu il devoit fe fier à la reconnoiffance de M. le Prince, & tout habituée que j'étois à la légèreté & à l'ingratitude des hommes, je vous avoue que je fus furprife de la conduite de M. le Prince après fa prifon.

Le Coadjuteur me demanda un foir un entretien avec un grand myftère. Je me rendis en carroffe de louage dans un appartement d'un couvent, où il arriva dans l'ajuftement le plus ridicule pour un Archevêque. Son chapeau étoit couvert de plumes; il avoit un juste-au-corps vert & or, une petite oie incarnat. Vous ne pouvez vous figurer quel air il avoit ainsi paré, avec la figure & la taille que vous lui avez connue. Je le vis transporté de rage de la conduite de M. le Prince avec Mademoiselle de Chevreuse. « La manière dont il a rompu ce mariage est un outrage, me dit-il; » & il faut convenir qu'il avoit raison, & qu'on n'usa jamais de moins de ménagemens. Remarquez, je vous prie, qu'on n'imagina pas de mettre en avant le motif de la conduite de Mademoiselle de Chevreuse, qu'il eût été difficile de réfuter. Le Coadjuteur jura qu'il s'en repentiroit, & il a tenu parole

autant qu'il a dépendu de lui. « Je
» suis surprise & choquée du pro-
» cédé de M. le Prince, lui dis-je,
» & d'autant plus que c'est moi qui
» ai donné l'idée de ce mariage, &
» que Mademoiselle de Chevreuse
» est ma parente. Je crois fortement
» que c'est la Reine qui a fait agir
» auprès de lui, pour le déterminer
» à cette rupture, & le brouiller
» avec une partie de la fronde...*
» C'est un grand avantage pour la
» Cour, & auquel rien ne peut
» être comparé, que la disposition
» de fonds considérables. On espère
» dans un parti ; mais avec la Cour

---

* Il y a ici plusieurs lignes d'effacées.

» on est payé comptant ». Je lui faisois cette observation, parce que j'étois instruite que le Marquis de la Boulaye trahissoit son parti, gagné par les bienfaits de la Cour; il se livroit de tems en tems à des extravagances qui ne lui tournoient jamais à mal, & il faisoit une grande dépense : je me doutai d'après l'excès même de son zèle, que ses témérités étoient concertées, & avoient pour objet d'écarter tous les soupçons. Nous eûmes un entretien fort long sur l'état des affaires, & nous convînmes de nous unir pour deux objets importans à tous deux : le chapeau pour lui, & la sur-intendance pour M. de la Vieuville. Je n'avois que des idées

idées vagues sur un projet que je ne tardai pas à exécuter, & je ne crus pas devoir m'en ouvrir en ce moment avec le Coadjuteur. . . .
. . . . *

J'étois libre alors de tout engagement avec les Princes. J'avois contribué plus que personne, je puis le dire, à les faire sortir de prison, & j'avois annoncé dès l'origine, que c'étoit à cet objet que je me bornerois. Dégoûtée des hauteurs de M. le Prince, qui me paroissoit incapable de garder aucunes mesures, & peu fidèle à ses engagemens; fatiguée des incertitudes de Monsieur;

---

* Il y a ici plusieurs pages de perdues.

je résolus dès-lors de m'attacher uniquement à la Reine & au Ministre. Après tant d'occasions manquées, il étoit clair qu'aucun parti ne prendroit le dessus, & que le tems seul feroit tourner les choses à l'avantage de la Reine & de son Ministre, parce que le pouvoir l'emporte toujours à la longue. La sincérité que je mettois dans les plus confuses intrigues, & peut-être un peu de réputation d'habileté, jointe au crédit que j'avois sur l'esprit des personnes les plus importantes, me firent rechercher de la Reine. Une circonstance avoit déterminé la confiance du Cardinal, & excita même sa reconnoissance. On parloit un jour chez la Reine de la fin tragique du Roi d'Angleterre, & M. de Senneterre raconta quelques circonstances qui pouvoient avoir amené cette sanglante catastrophe. « L'abandon qu'il a fait du Comte » de Strafford, dis-je à la Reine, » a montré toute sa foiblesse, & » après l'avoir forcé à sacrifier » l'homme qui avoit toute sa con- » fiance, ses ennemis ont senti » qu'ils pouvoient tout oser. « J'insistai vivement sur cet article sans aucun projet ; je m'apperçus que la Reine devint rêveuse, que Madame de Navailles, Confidente du Cardinal, me regardoit attentivement, & applaudissoit avec une espèce de transport à ce que je disois. « Vous » avez raison, me dit la Reine, &

» c'est une leçon pour les Rois, de
» ne pas abandonner leurs Minis-
» tres. » Je sentis l'application
qu'elle avoit faite, & je ne vous
cacherai pas que, dans ce moment,
je voulus profiter de ce que j'avois
dit sans projet, & uniquement
parce que c'étoit mon sentiment.
Je dis donc à Madame de Navailles
avec un air de finesse : « il me semble
que ce que j'ai dit a fait une grande
impression à la Reine. » Elle me
serra la main, & j'ai su que le soir
même elle avoit rendu notre conversation au Cardinal. Quelques
jours après, la Reine se fit honneur
de mon sentiment, & elle répéta
dans plusieurs circonstances, que
Charles I. avoit été victime de sa

foiblesse envers le Comte de Strafford, & en fit des applications aux circonstances où elle se trouvoit. J'ai lieu de croire que les réflexions qu'elle fit d'après ce que j'avois dit en cette circonstance, l'ont affermie au milieu des dégoûts que lui causoient quelquefois les embarras extrêmes, où la jetoit l'animosité qu'on avoit contre son Ministre. Le Cardinal fit un usage fort imprudent par la suite de ce que j'avois dit sur les affaires d'Angleterre. Il s'avisa de comparer le Parlement de Paris à la Chambre Basse, & quelques Magistrats à Cromwel & Fairfax. Il y eut un beau bruit au Parlement sur cette comparaison, que Monsieur & le Coadjuteur ne man-

quèrent pas de faire valoir & de paraphraser de toutes manières. Le Coadjuteur me dit à ce sujet : « Le » Cardinal Mazarin a dit une » grande sottise ; mais il fait bien » de l'honneur au Parlement de » supposer qu'il y ait parmi ces » Robins un Cromwel. » . . . . . .
. . . . *

La rupture du mariage de Mademoiselle de Chevreuse, fut en partie cause de l'animosité que conçurent les Frondeurs contre M. le Prince. Il ne tarda pas à prendre l'alarme, & à se croire sans ressource & sans

---

* Plusieurs pages manquent ici.

asyle, lorsqu'il vit que la haine du parti étoit aussi vive contre lui que contre le Cardinal Mazarin.....

Dans peu de tems la conduite de M. le Prince l'avoit réduit au même état où il étoit avant sa prison. Détesté de la Reine & des Frondeurs, il sembloit qu'il n'y avoit d'autre moyen de calmer les troubles, de rétablir l'autorité, que de l'arrêter de nouveau. Je tâchai en vain de ramener les esprits, quels que fussent mes motifs de mécontentement............ Personne ne vouloit se fier à lui. On ne comptoit pour rien sa parole depuis la rupture du mariage. Sa légèreté, ses hauteurs avoient aliéné la Cour

& la Ville. Je me suis souvent demandé quelles pouvoient être ses vues, & je me suis convaincue qu'il n'en avoit aucune, & que toute sa conduite a été dirigée dans ces tems par l'emportement & la variation de son humeur. M. le Prince, enivré de succès dès sa plus grande jeunesse, n'a jamais fait de plan, & n'a jamais pu se persuader qu'il y eut personne au monde digne d'être ménagé par lui. La légèreté porte souvent les hommes à des propos & des actions inconsidérées, sans aucun dessein formé de choquer ou de nuire. Ceux qui en sont l'objet supposent des intentions & cherchent à se venger. De-là naissent des animosités réciproques, qui engagent à suivre des partis opposés aux intérêts & aux sentimens : enfin plus les traits partent de haut, & plus ils sont sensibles. A travers toutes les vicissitudes de la conduite & des sentimens de M. le Prince, il étoit cependant aisé d'appercevoir qu'il tenoit de son éducation & de l'application à ses intérêts un penchant marqué à déférer à la Cour ; mais son humeur contrarioit son penchant, & le jetoit souvent dans le chemin opposé à ses intérêts. La réunion de tant de haines contre M. le Prince, pensa lui être fatale. La Reine étoit déterminée à le faire arrêter de nouveau, & les moyens violens qu'on auroit employé pour y parvenir, ne menaçoient pas moins sa vie que sa liberté. L'aversion de la Reine pour M. le Prince, étoit alors à un tel point que la certitude de la réconciliation la plus sincère, & celle du rétablissement du calme dans toutes les parties de l'État, ne l'auroient pas autant flattée que sa perte; il faut convenir que les sanglantes railleries de M. le Prince sur la Reine & le Cardinal, avoient dû produire un ressentiment ineffaçable dans son cœur. M. le Prince a risqué plusieurs fois dans l'espace de quelques semaines le sort du Maréchal d'Ancre; & d'Hocquincourt entre autres se proposa pour être le Vitry de cette catastrophe. La Reine supportoit presque aussi impatiemment l'absence du Cardinal que les hau-

teurs de M. le Prince ; elle ne savoit à qui se confier. Le Cardinal gouvernoit de Breulh ; mais il y avoit bien des circonstances qui exigeoient de prendre un parti au moment, & la Reine étoit embarrassée & par la crainte d'être blamée du Cardinal, & par la difficulté des affaires. Un jour elle m'entretenoit de ses chagrins, du peu de fonds qu'on pouvoit faire sur Monsieur, & des trahisons de ceux qui paroissoient les plus dévoués à son service & à ce pauvre M. le Cardinal ; enfin, des excessives prétentions de M. le Prince. « Puisque Votre Majesté,
» lui dis-je, ne peut être assûrée
» de la fidélité de ceux qui la ser-
» vent, j'emploierois contre mes

» ennemis l'activité du ressenti-
» ment de leurs propres ennemis.
» Je ne lui réponds pas que le
» Coadjuteur seconde ses vues pour
» le retour de M. le Cardinal, &
» il ne le pourroit pas sans se dis-
» créditer ; mais il vous débarassera
» de M. le Prince : c'est le seul
» homme qui puisse lui être opposé
» avec succès. Si Votre Majesté
» daigne témoigner quelque con-
» fiance au Coadjuteur, flatté de
» la servir & d'avoir à se mesurer
» avec le premier Prince du Sang,
» charmé de satisfaire son ressenti-
» ment, il emploiera tout ce qu'il
» a d'esprit, d'amis, de moyens,
» pour répondre à vos vues. Le
» Coadjuteur dispose de Monsieur ;

» il saura allier ses intérêts avec les
» vôtres, & lui en persuader
» l'union. Votre Majesté a tout à
» craindre de M. le Prince, s'il
» venoit à connoître ses forces, s'il
» daignoit ménager les esprits pen-
» dant six semaines. Avec son
» esprit, son courage, sa réputa-
» tion, que ne peut-il pas oser ?
» Que Votre Majesté réfléchisse à
» ce qui pourroit arriver, s'il s'unis-
» soit avec Monsieur par le mariage
» de son fils. Il faut trancher le
» mot, Madame, il peut aspirer à
» tout, à la régence. Qu'est-ce
» que peut craindre au contraire
» Votre Majesté d'un Archevêque ?
» Il faudra le faire Cardinal ? il le
» sera tôt ou tard, & il vaut mieux

» qu'il en ait l'obligation entière
» à Votre Majesté, que de le de-
» voir à la nécessité des circons-
» tances. Il s'opposera au retour de
» M. le Cardinal ? les autres ne s'y
» opposeront pas moins, & si M. le
» Prince y consent, ce sera après
» l'avoir avili, avoir anéanti l'au-
» torité Royale ; enfin, ce sera
» pour en faire le servile instru-
» ment de ses volontés. Le Coad-
» juteur voudra être premier Mi-
» nistre ? en supposant que ce soit
» son ambition, n'est-il pas
» préférable de le voir s'élever
» à cette place que M. le Prince
» de vive force à la régence ? mais
» il a trop d'esprit pour se persua-
» der, que les factions puissent

» pousser un homme subitement
» & violemment en quelque sorte
» au premier emploi de confiance
» d'un Gouvernement. Votre Ma-
» jesté d'ailleurs pourroit le satis-
» faire sans lui donner la première
» place, & l'engager au contraire
» à y souffrir M. le Cardinal. Je
» suppose qu'un jour Votre Ma-
» jesté, contente de ses services,
» donne au Coadjuteur les Sceaux
» & le Gouvernement de Paris ;
» n'est-il pas à présumer que son
» ambition seroit satisfaite ? »

La Reine me laissa achever sans m'interrompre. La joie se peignit sur son visage quand je lui montrai la perspective de la défaite de M. le

Prince. J'allai plus loin, je lui proposai de le faire arrêter. Cette idée ne lui permit de faire aucune objection sur tout le reste : elle servoit trop efficacement son ressentiment. « Etes-vous chargée,
» me dit-elle, de me faire cette
» proposition ? — Non, Madame,
» lui dis-je, & je n'avois même
» aucune intention d'en parler à
» Votre Majesté en me rendant
» chez elle ; c'est une idée qui
» m'est venue & non un projet
» concerté avec personne, ni
» même arrêté dans mon esprit. —
» Je vous demande votre parole la
» plus sacrée, me dit-elle, de ne
» vous ouvrir à personne d'ici à
» quelques jours de votre projet
» qui

» qui me ravit, & que je voudrois
» exécuter demain. Dans peu, je
» vous en dirai davantage. « Elle me
rappella ensuite pour me dire : » le
» Coadjuteur sera bien surpris de
» vous voir si animée contre M. le
» Prince. »

Je ne devois pas m'attendre que
la Reine adoptât un avis aussi décisif
sans consulter le Cardinal. Je ne me
trompai pas, & je reçus quelques
jours après un billet de lui, qui étoit
joint à une lettre très-bien raisonnée
qu'il écrivoit à la Reine. Il approuvoit entièrement mon projet, &
m'en remercioit comme de l'idée
la plus heureuse. « Vous voyez,
» me dit la Reine, lorsque j'eus lu

» la lettre du Cardinal, que le
» pauvre homme confent même à
» céder fa place au Coadjuteur.
» Il ne veut que le bien de l'État
» & la confervation de l'autorité. »
Lorfque le Coadjuteur fe fut entretenu avec la Reine, il vint par fon ordre me faire part de fa converfation. Je fus furprife que la Reine eût été jufqu'à lui offrir l'appartement du Cardinal au Palais Royal, & l'entrée au Confeil. On ne le preffa pas beaucoup fur ces deux articles, à ce qu'il m'affura: il s'y refufa, & je crois qu'il fit très-mal. S'il avoit pu amener la Reine à le loger au Palais Royal, fon habileté & la féduction de fon efprit lui auroient dans peu fait acquérir

de l'ascendant sur cette Princesse. Un homme jeune, ambitieux, spirituel, habitué au commerce des femmes, habile à flatter leur amour propre, avoit bien des avantages pour s'insinuer dans la confiance de la Reine. Elle se seroit accoutumée à le consulter, à suivre ses conseils. Enfin, le Coadjuteur qui auroit su se rendre agréable à une grande partie du Public, qui auroit eu le Peuple pour lui, & qui se seroit servi habilement du fantôme appellé Monsieur, l'auroit emporté bientôt sur un absent, que la Reine auroit regardé comme le principe de tous ses chagrins & des troubles qui agitoient l'État. Plus j'ai réfléchi à la circonstance

où s'est trouvé le Coadjuteur, & plus je me suis persuadé qu'il a manqué la plus haute fortune. Ceux qui connoissent son caractère n'en seront pas surpris. Séduit par l'éclat d'une grande action & de l'extraordinaire, il ne comptoit plus pour rien ses plus solides & plus chèrs intérêts. Je ne manquai pas de faire valoir auprès du Cardinal la conduite franche & désintéressée du Coadjuteur. « Il
» ne peut à la fois, lui disois-je, &
» vous servir pour votre retour en
» France, & combattre avec avan-
» tage M. le Prince. Il faut qu'il
» persiste dans son rôle, pour être
» utile à la Reine dans ce qui la
» touche en ce moment le plus
» sensiblement; mais il agira tou-

» jours plus foiblement contre vous
» sans s'en rendre compte à lui-
» même. Engagé à servir la Reine,
» il est à présumer que ce qu'il fera
» pour s'opposer à votre retour,
» ne sera en quelque sorte que pour
» l'acquit de sa conscience, dans
» la vue de ne pas se discréditer.
» Il se commandera & raisonnera
» ses attaques, au lieu d'y être en-
» traîné aveuglément par son ani-
» mosité. Si les choses restent dans
» l'état où elles sont, le Coadjuteur
» ne vous en sera pas moins con-
» traire; & d'un instant à l'autre,
» il peut profiter de son ascendant
» sur Monsieur, pour le réunir avec
» M. le Prince. Jeter la division
» parmi vos ennemis, est la conduite

» la plus habile que vous puissiez
» suivre, dans une circonstance où
» tout est à craindre de leur réu-
» nion. En suivant le plan qu'on
» vous propose, vous opposez le plus
» habile au plus redoutable, & vous
» privez ce dernier de l'appui im-
» posant de Monsieur. Le tems doit
» tout ramener vers la puissance,
» comme tous les fleuves se rendent
» à l'Océan. Assuré, comme vous
» l'êtes, de l'affection de la Reine,
» à laquelle se joint la haine de vos
» ennemis, votre retour est cer-
» tain. Il en coûtera un chapeau;
» c'est comme si vous achetiez le
» pouvoir suprême par le don d'un
» hochet à un enfant. Mais quelle
» différence si votre retour étoit

» dû à M. le Prince, qui ne vous
» rappellera que pour vous con-
» duire comme un triomphateur à
» son char ! Déclaré votre Protec-
» teur aux yeux du Public, on verra
» dans lui l'arbitre de vos destins,
» qui vous éloigne, vous rappelle
» à son gré. Vous ne pourrez con-
» server le titre & l'extérieur de la
» puissance, que pour faire sans
» cesse le sacrifice de la réalité à
» M. le Prince. » Je parlois ensuite
avec un grand éloge du refus que
le Coadjuteur avoit fait de l'appartement au Palais Royal, & du
Ministère. . . . . *

---

* Il y a ici une lacune.

M. le Prince ne tarda pas à sentir tout le danger de sa position. Il reçut des avis, & prit l'alarme sur la marche de deux Compagnies des Gardes, qu'il crut commandées pour le surprendre. Il partit en conséquence une nuit précipitamment pour St. Maur, & ce ne fut pas sans raison qu'il se détermina à abandonner la Capitale, où il couroit de grands dangers.

Le Coadjuteur ne s'étoit vanté de rien à la Reine, qu'il ne fût en état d'exécuter, & il remplit exactement ses promesses. Il anima la grande fronde contre M. le Prince, & répandit des écrits, dont une partie étoit son ouvrage, pour décrier sa conduite, en dévoiler les principes, en faire sentir les conséquences. Le parti qu'il avoit dans le Parlement se réveilla, & dans peu il fut en état de balancer celui de M. le Prince. Il sortit alors de sa retraite, & se montra en état de guerre contre M. le Prince. Le Parlement se trouva un jour investi par des gens dévoués au Coadjuteur. Il étoit maître des postes ; des armes étoient rassemblées dans divers endroits du Palais ; & ces préparatifs d'hostilités établis, les mots de ralliment donnés, le Coadjuteur se présenta au Palais. Vous figurez-vous, au milieu de cette soumission de tous les ordres où vous êtes accoutumée de vivre, ce Cardinal que vous voyez si simple dans ſes manières, recherché ſeulement de quelques Amis diſtingués dont la ſociété fait les délices; pouvez-vous vous le figurer à la tête d'une multitude de gens armés, dans ce Palais où tout reſpire à préſent l'ordre, la décence & la paix, donnant des ordres d'attaque & de défenſe comme dans un camp? Ne croyez-vous pas entendre une hiſtoire de la Chine ou du Japon? M. le Prince ſe rendit au Palais, accompagné de plus de gens de qualité, mais d'une ſuite moins nombreuſe peut-être. Le Vainqueur de Rocroi, de Lens, ſe trouve en tête, dans un lieu où il n'avoit pas l'avantage des poſtes, l'Archevêque de Paris. Il y eut du trouble, il devoit y avoir du carnage, & la Reine, à qui d'inftant en inftant on venoit rendre compte de l'état des chofes, me dit : « S'ils alloient être tués tous deux ! » C'eût été effectivement un beau jour pour elle. Malgré le zèle que lui montroit le Coadjuteur, il n'y eut pas une goutte de fang répandu. On revint aux négociations, &, contre mon fentiment, la Reine facrifia les Sous-Miniftres.

La majorité du Roi fembla devoir redonner quelque vigueur à l'autorité. La Fronde, le Coadjuteur qui en étoit l'ame, étoient pour la Cour. Monfieur fuivit leur exemple, déterminé par le Coadjuteur. M. le Prince, embarraffé de fa pofition,

fatigué des follicitations de ses Amis pour lever l'étendard de la révolte, prit enfin ce parti violent contre son gré, & contre celui de la Cour qui cherchoit à le retenir. Ce fut une espèce de fatalité qui détermina cette démarche, & Monsieur a été soupçonné aux yeux de beaucoup de gens de l'avoir favorisée par le desir d'être débarrassé de M. le Prince................
................*

Un évènement heureux pour le Cardinal Mazarin, fut la mort du Duc de Bouillon, au moment où

---

* Il manque ici plusieurs pages.

il alloit remplir la place de Sur-Intendant des Finances. Le Cardinal n'en avoit aucun ombrage; mais un esprit aussi supérieur, que celui du Duc de Bouillon, dans un poste qui lui eût donné autant d'autorité, joint à l'éclat de son nom & à ses prétentions, ne pouvoit que préparer au Ministre beaucoup d'embarras.....
. . . . *

Le Cardinal de Retz vint enfin à Compiegne, où la Reine le reçut assez bien ; tout le monde y étoit en défiance. La jalousie règnoit parmi toutes les Créatures du Car-

---

* Il y a ici une lacune très-considérable.

dinal Mazarin, empreſſées de ſe diſputer le mérite des évènemens : mais tous ſe réunirent pour nuire au Cardinal de Retz. Je crois que dès ce moment il ne connut pas ſa poſition, qu'il fut ſéduit par quelques mots obligeans de la Reine, & emporté par la vanité qui s'eſt toujours un peu mêlée dans toutes ſes actions. Aſſuré de Monſieur, il ne crut pas que la Cour prît jamais de parti ſans ſe concerter avec lui. Cela étoit probable & même dans l'ordre des intérêts de la Reine. Mais ſoit imprudence heureuſe, ou lumière acquiſe par quelque trahiſon, la Reine ſentit toute la foibleſſe de Monſieur, n'eut pour lui aucuns ménagemens, & eſſaya ſur lui-même le premier emploi de l'autorité Royale. On lui fit dire de sortir de Paris, & de se retirer à Limours; & il partit sans aucune résistance. Le Cardinal de Retz, auroit dû être étourdi de cet acte d'autorité exercé sur la première personne de l'État. Privé de son appui, il lui restoit peu de moyens, & les premiers momens propres à agir dans les circonstances critiques ne reviennent plus. La Majesté Royale avoit repris tout son éclat, & la puissance de la Reine se trouva en deux jours établie comme si elle n'avoit jamais reçu d'atteinte. Je m'apperçus, à un ton d'aigreur que prit la Reine en me parlant du Cardinal de Retz, que sa position étoit moins bonne qu'il ne la croyoit, & je cherchai à pénétrer plus avant, en excitant l'Abbé Fouquet à parler. Il ne me donna pas le tems de faire une grande dépense en pénétration ; car il me dit nettement, que ce n'étoit plus le tems pour le Roi de négocier avec ses Sujets, & que son avis étoit qu'on prît le Coadjuteur mort ou vif. Servien n'étoit guères plus modéré. Le Tellier seul auroit mieux aimé se débarrasser par des voies de douceur de la présence du Cardinal, & lui faire un pont d'or. Il seroit difficile de déterminer si la Cour étoit de bonne foi dans ses négociations avec le Cardinal de Retz, pour lui faire quitter Paris avec honneur, ou si l'on cherchoit à l'amuser l'amuser pour saisir l'occasion de s'assurer de sa personne. Je crois que l'un & l'autre sont vrais suivant les époques. Cette différence de tems & de sentimens n'est pas assez observée dans les affaires & dans l'histoire, & fait porter des jugemens absolument opposés. Si le Cardinal de Retz eût brusqué son accommodement dans les premiers tems, sans s'obstiner à vouloir procurer des avantages à ses Amis, & faire en quelque sorte la loi, il auroit obtenu pour lui ce qu'il pouvoit desirer. L'Abbé Fouquet imaginoit chaque jour quelque nouveau moyen de s'assurer de la personne du Cardinal de Retz, & vous allez voir, par ce que je vais vous raconter, quelle

P

étoit l'activité de sa haine, & ce que le Cardinal de Retz avoit à craindre au milieu des embûches qu'on lui tendoit.

Cet Abbé, enragé d'avoir manqué plusieurs entreprises contre le Cardinal de Retz, crut avoir trouvé un moyen de réussir. Le Cardinal avoit une affectation de galanterie qui contrastoit singulièrement avec son état, & je me souviens que Mademoiselle de Scudéry, l'entendant un jour débiter des complimens à Madame de Châtillon, me dit tout bas : *Nous avons un Archevêque qui est plus Berger que Pasteur* (a).

(a) Ce mot a été appliqué depuis à M. de Harlay.

L'Abbé Fouquet imagina de mettre à profit la foiblesse du Prélat, afin de l'attirer dans le piège. Mademoiselle de Sainte-Hélène, fille de dix-huit ans, d'une grande beauté & d'un esprit fort simple, parut à l'Abbé Fouquet un objet propre à séduire le Cardinal, & l'on a sçu depuis qu'il disoit à ses confidens : *Voilà l'hameçon qui me fera prendre le rouget.* La Mère de la Demoiselle, intrigante & pauvre, se prêta aux vues de l'Abbé qui n'épargna pas l'argent. La fille fut endoctrinée, siflée par lui ; & dans peu de jours elles débutèrent dans le monde avec un équipage brillant, de belles livrées, & tout l'éclat qui pouvoit relever le prix de la conquête. L'Abbé

Fouquet, & c'étoit l'objet essentiel, avoit eu soin de les loger dans une maison qui avoit beaucoup de profondeur & une porte de derrière. C'est par là qu'on fit le projet de faire sortir le Cardinal, après s'être assuré de lui par force, dans le moment d'un rendez-vous donné par la demoiselle. Les gens du Cardinal l'auroient attendu de l'autre côté sans inquiétude, & n'auroient pas été surpris de le voir s'oublier dans une maison habitée par une aussi charmante personne. Il s'agissoit de faire connoissance avec le Cardinal de Retz. La Mère imagina le prétexte de lui demander sa protection auprès de Monsieur. La vue de la Fille détermina bien vîte le Prélat à promettre tout son appui. La déclaration suivit de près, & les gens du Cardinal s'empressèrent auprès d'une personne dont la conquête enflammoit tous les desirs de leur maître, & firent valoir sa générosité & son crédit. Mademoiselle de Sainte-Hélène ne montra de résistance que ce qui étoit nécessaire pour irriter sa passion, sans le désespérer. Elle parut flattée de l'effet que ses charmes produisoient sur un homme qui fixoit l'attention de la France & de l'Europe. Enfin, au bout de peu de tems, elle eut l'air de se rendre, subjuguée par son éclat, séduite par son esprit, & consentit à un rendez-vous. On ne pourroit pas décider lequel fut plus satisfait du Cardinal ou de l'Abbé Fouquet. La haine & l'amour dûrent se disputer à qui l'attente de ce rendez-vous feroit éprouver un sentiment de joie plus vif. Un incident dérangea tout. La demoiselle avoit un Amant : elle lui fit confidence de la Tragi-comédie qu'on préparoit. Il étoit parent de Montrésor : il ne perdit pas un instant à l'instruire. Le Cardinal de Retz en fut pour les frais de son imagination, & l'Abbé Fouquet pour son argent.

Je tâchai de faire entendre au Cardinal de Retz le danger de prolonger les négociations, & la nécessité d'accepter, sans balancer, les offres qui lui étoient faites de la sur-intendance des affaires d'Italie, avec une somme pour payer ses dettes. Je le vis plusieurs fois; je le pressai; mais il étoit obsédé par ses Amis qui l'aveugloient sur sa situation. Voici ce que je lui écrivis dans un moment où je ne pus le voir, & qui précéda de peu son malheur.

« La conférence que vous avez
» eue avec Monsieur a tout changé
» pour vous. La Reine est persuadée
» que vous avez conseillé des bar-
» ricades. Jugez de ses sentimens
» d'après cette conviction, & s'il
» vous convient de suivre une
» générosité aveugle pour vos
» Amis. Vous voulez des avanta-
» ges pour eux, tandis qu'il est

» question de votre salut. Chaque
» jour, chaque délai rend votre
» sort plus incertain, votre situa-
» tion plus dangereuse, parce qu'on
» invente de nouvelles calomnies,
» qu'on vous prête des démarches,
» des intrigues propres à jeter
» l'allarme dans la Cour. On dit à
» la Reine : quelle confiance pren-
» dre dans un homme qui, dans le
» moment qu'il vous assure de sa
» soumission, qu'il presse le retour
» du Roi, exhorte l'oncle du Roi
» à la revolte, & à s'emparer de
» de sa personne? On dit que vous
» négociez avec M. le Prince,
» que votre projet est de vous re-
» tirer à Mézières ou à Charleville,
» de lui livrer ces places, & de

» vous joindre entièrement à lui
» & aux Espagnols. Ce n'est point
» abandonner ses Amis que de dé-
» rober au danger sa liberté, & sa
» vie qui peuvent un jour leur être
» utiles, lorsqu'on ne peut que
» risquer l'un & l'autre sans fruit :
» c'est servir leur intérêt que de
» songer à sa sûreté avant tout.
» Vous connoissez la violence du
» caractère des personnes qu'on
» consulte ; & leurs scrupules, je
» crois, ne doivent pas vous rassu-
» rer. Acceptez donc tout ; il en
» est tems encore : je voudrois vous
» savoir sur la route de Rome.
» Souvenez-vous de votre prédic-
» tion à Monsieur : *Vous serez fils de*
» *France à Blois, & moi Cardinal*

» à *Vincennes*. La moitié en eſt
» vérifiée. Ceux qui vous entourent
» ont des intérêts, s'aveuglent ſur
» vos moyens. Je ſuis plus à portée
» de juger, & je n'ai aucun in-
» térêt. »

Vous ſavez que pluſieurs fois des rêves m'ont annoncé les évènemens intéreſſans de ma vie. Je n'ignore pas tout ce que la raiſon peut oppoſer de victorieux à ma crédulité; mais que peut la raiſon contre les faits, ainſi que contre le ſentiment? Il ne faut pas être doué d'un eſprit ſupérieur pour acquérir la démonſtration que les morts ne peuvent rien, & que les vivans ſeuls ſont à craindre. Je le donne au plus brave : qu'il entre la nuit dans un caveau, qu'il y refte une heure au milieu des cercueils, & qu'il me dife s'il n'a pas éprouvé une fecrette terreur. On fourre fa tête dans fes couvertures en entendant gronder l'orage, & l'on fait bien que la foudre ne fera pas arrêtée par cet obftacle. On craint la nuit les revenans dont on plaifante le jour. On eft frappé des prédictions des devins. Les plus célèbres perfonnages de l'antiquité ne regardoient pas les fonges comme indifférens ; ils ajoutoient foi aux prédictions, & peut-être la confiance qu'elles infpiroient a foutenu plus d'un grand homme au milieu des revers & des infortunes qui auroient dû l'abbattre : les espérances des destinées qui lui étoient annoncées, ont animé son courage prêt à s'éteindre. Qui peut se vanter de connoître l'essence de l'esprit de l'homme, & ses relations avec tout ce qui l'environne? Qui peut assigner avec certitude les causes de ce qui se passe en nous pendant le sommeil, expliquer comment les objets paroissent présens, quand tout l'effort de l'imagination ne peut les rendre aussi sensibles lorsqu'on est éveillé ? On voit des personnes absentes, on converse avec elles, & elles répondent suivant leur esprit & leur caractère. On souffre enfin, & l'on est heureux réellement en songe. Pardonnez cette digression nécessaire pour justifier ma crédulité. Je m'abandonne à vos plaisanteries plutôt que de ne pas vous dévoiler mes foiblesses, & ce qui est plus courageux, mes ridicules. Je reviens à mon songe. Il me sembla une nuit en dormant, que j'étois dans une vaste forêt, peuplée de divers animaux. Il y avoit des Lions, des Singes, des Tigres, des Renards. Un Cerf agile & audacieux, étoit poursuivi par la plupart des animaux qui employoient contre lui la force & la ruse; mais il échappoit souvent à leurs pièges par son instinct & sa légèreté. Je voyois les embûches qu'on lui tendoit, & je l'avertis plusieurs fois, sans qu'il y fît grande attention.

Une jeune Biche blanche s'approcha de lui, & l'engagea à le suivre. Je tâchai vainement de le faire sortir d'une route où je voyois des pièges habilement tendus. La Biche blanche l'entraîna, malgré mes conseils & mes prières, & je le vis bientôt après pris dans le piège. Il y resta quelque tems, & en sortit privé de son bois, & estropié. Je me réveillai en sursaut, & le jour même j'appris que le Cardinal de Retz étoit arrêté. Madame de Lesdiguieres étoit la Biche blanche qui l'avoit égaré.

Un confident du Cardinal de Retz vint chez moi la nuit déguisé, pour s'entretenir de ce triste événement qui jeta la consternation parmi tous ses Amis. Après avoir épuisé tous les moyens de lui procurer sa liberté, dont aucun ne nous parut assuré : « il n'y en a qu'un, lui dis-je, de facile, d'infaillible, de prompt ; mais il exige la plus grande célérité pour l'exécution. La liberté du Cardinal de Retz, tout bien considéré, est entre les mains des Prêtres : la conduite courageuse du chapitre & des Curés, peut seule briser promptement les chaînes de leur Archevêque. Je ne répondrois pas qu'il sorte vivant de sa prison ; mais il faut passer par-dessus cette crainte qui ne l'arrêteroit pas. Qu'on ferme les Eglises, que tous secours spirituels soient réfusés pendant trois jours, & le Cardinal de Retz est en liberté le quatrième. La Cour tremblera ; le Public se soulèvera lorsque les enfans seront privés du baptême, lorsque les mourans demanderont en vain les Sacremens. Le peuple animé par le Coadjuteur a fait sortir Broussel de prison. Excité par tout le Clergé, consterné d'être sans Prêtres & sans Autels, le Peuple fera les plus grands efforts pour rétablir la communication interrompue avec le Ciel. Un grain de religion mis dans les affaires générales est mille fois plus à craindre que toutes les intrigues des Frondeurs. » Il fut de mon avis ; mais l'oncle du Cardinal de Retz, vieux, foible, jaloux de son

son neveu, n'osa ou ne voulut pas embrasser ce parti décisif. Le chapitre n'agit que foiblement, & les verroux de Vincennes se fermèrent pour long-tems sur le Cardinal de Retz.

Vous avez dû voir dans le cours des évènemens que je viens de vous faire parcourir, qu'il n'est aucun des personnages principaux qui ait su mettre à profit les momens décisifs. Aucun d'eux n'a connu ses forces ; & ni Monsieur, ni M. le Prince, n'ont jamais su précisément ce qu'ils vouloient. Il m'est facile de vous convaincre de cette vérité, par un tableau en racourci des fautes de chacun des Acteurs qui ont rempli la Scène.

M. le Prince auroit pu aspirer à la régence ; c'étoit le seul objet digne de son ambition, & il n'en a jamais eu l'idée. Il a exposé sa liberté, sa vie, & la fortune de sa maison, pour le plaisir de ne pas se contraindre, & par l'appas des plus foibles avantages. Il s'est séparé de la Cour vers laquelle son penchant l'attiroit, & il a fait la guerre civile à laquelle il répugnoit par principes.

Monsieur détestoit le Cardinal Mazarin, & il a pu dix fois le faire arrêter au Luxembourg, le livrer au Parlement, ou l'envoyer en Italie. Un moyen si simple n'est jamais tombé dans son esprit. Il s'est brouillé avec M. le Prince; il a pu le faire arrêter chez lui, on lui en a donné le conseil, & il n'a pas osé. Il n'a eu qu'un pas à faire pour être Régent, & n'en a pas eu la velléité.

Le Cardinal de Retz a pu s'opposer à la rentrée du Roi à Paris, & il l'a précipitée contre l'avis de tous ses Amis & contre ses intérêts.

Enfin la Reine, avec tout le poids de l'autorité, environnée de tout l'éclat du Trône, avec des trésors à répandre pour diviser les partis & gagner les Chefs, avec des armées à ses ordres, s'est laissée réduire à fuir de sa capitale. . . . .
. . . .

* *Il se trouve ici une lacune considérable.

César est le plus grand homme dont puisse se vanter l'humanité, parce qu'il est peut-être le seul qui ait su remplir tout son mérite.

. . . .
. . . .

Ces Mémoires ne sont point achevés : ils paroissent avoir été écrits vers 1664, avant que la Princesse Palatine, long-tems incrédule, ensuite incertaine, eut consacré, sans retour, sa vie entière à la dévotion & à la plus austère pénitence. C'est à cette époque, sans doute, qu'elle aura renoncé à continuer des Mémoires qu'elle se sera repenti d'avoir commencés; elle les aura ensuite oubliés; peut-être aura-t-elle cru les avoir brûlés; peut-être ont-ils été conservés par la personne à qui ils étoient adressés. On a trouvé jointe à ces Mémoires, une Lettre de la Princesse Palatine à Madame de Lesdiguieres, sans datte, mais qui doit évidemment avoir été écrite vers la fin de Septembre 1661. Cette Lettre a la même authenticité que les Mémoires, avec lesquels d'ailleurs elle a une liaison sensible. Nous avons cru que le Public la verroit avec plaisir, & qu'il nous sauroit gré de n'avoir rien retranché du manuscrit précieux que nous lui faisons connoître.

LETTRE

DE MADAME

LA PRINCESSE PALATINE

A MADAME

DE LESDIGUIERES.

. . . .
. . . .

« Ce n'est point, Madame, un
» grand malheur pour notre Ami,
» comme quelques Personnes le
» pensent, que la disgrace du Sur-
» Intendant. Il ne s'intéressoit à
» M. le Cardinal de Retz, que par
» le désir d'enlever à M. le Tellier
» une négociation importante, &

» par la manie d'attirer à lui toutes
» les affaires. Il se croyoit premier
» Ministre depuis six mois, & une
» partie du Public partageoit & fa-
» vorisoit par ses empressemens
» cette illusion. Il est bien simple
» que notre Ami, dans l'éloigne-
» ment où il est des affaires & des
» personnes, soit tombé dans la
» même erreur. Il y a eu bien des
» Ministres disgraciés depuis trente
» ans ; aucun n'est tombé avec
» tant d'éclat, & n'a inspiré autant
» d'intérêt. L'acharnement de ses
» ennemis redouble encore la com-
» passion publique. Il y a un grand
» nombre de Femmes qui n'osent
» se montrer ; ce sont celles dont
» on a trouvé des Lettres, des

» Portraits, parmi les papiers du
» Sur-Intendant : on parle d'une
» grande caſſette qui en eſt rem-
» plie, ainſi que de cheveux de
» toutes les couleurs ; le tout eſt
» étiqueté avec un ordre admira-
» ble, & qu'il feroit fort à deſirer
» qu'il eût mis dans ſes autres affai-
» res. Le Tellier paroît être dans
» une grande faveur, & Colbert,
» homme d'affaires du Cardinal
» Mazarin, deſtiné à ſuccéder à
» M. Fouquet. Je crois que c'eſt
» à M. le Tellier que notre Ami
» doit s'adreſſer ; mais il le connoît
» de longue main, & doit être en
» garde contre ſes ruſes. Le Sur-
» Intendant plus décidé, plus gé-
» néreux, plus curieux de gloire,

» auroit mieux convenu à ses inté-
» rêts, & je le regretterois s'il avoit
» eu le crédit nécessaire ; mais
» depuis long-tems le Roi n'avoit
» nulle confiance en lui. Je ne
» puis être utile à notre Ami dans
» la position où je me trouve ; la
» plus noire ingratitude a été le
» prix dont on a payé mes services ;
» & la part que j'ai eue aux affaires,
» loin de servir à ma considéra-
» tion à la Cour, est un motif de
» défiance & d'éloignement. On
» me fait l'honneur de me crain-
» dre, & on supposeroit des pro-
» jets d'intrigue dans la plus sim-
» ple démarche que je ferois pour
» servir mes Amis. Je suis un
» Acteur hors de la Scène. Après

» les grands évènemens dont j'ai
» été témoin, où j'ai joué un rôle
» intéressant, les tracasseries de
» Cour me paroissent bien insipi-
» des, & j'ai la plus grande indif-
» férence pour ce qui se passe. La
» Reine Mère est embarrassée avec
» moi; elle m'a sacrifiée à l'avi-
» dité d'un homme mourant, dont
» elle avoit à se plaindre, qu'elle
» n'aimoit plus : la foiblesse sera
» éternellement le défaut des Prin-
» ces. Ce qu'il y a de plus simple
» en apparence, c'est d'avoir une
» volonté, un sentiment, & c'est
» ce qu'il y a de plus rare : les
» hommes sont si bien familiarisés
» avec l'inconstance & la foiblesse,
» que celui qui veut constamment,

» & qui conserve les mêmes senti-
» mens, passe pour extraordinaire.
» J'embellis ma maison, je cultive
» mes Amis, je m'entretiens du
» passé avec eux, & j'arrange mes
» affaires, auxquelles j'ai trop peu
» songé dans le tourbillon des
» grands intérêts qui m'ont agitée.
» Je me laisse aller à vous parler de
» moi, & mon projet en prenant la
» plume étoit de vous entretenir
» du Cardinal de Retz : je reviens
» à ce qui le regarde. La Cour a
» grande envie de finir son affaire,
» on consentira à lui donner des
» revenus ; mais on le forcera à
» ne parler que de lui. Ce n'est
» plus le tems de composer pour
» ses Amis, de faire un traité.

LETTRE. 251

» Il est réduit à accepter un par-
» don; ce seroit embrouiller ses
» affaires, que chercher à y faire
» entrer les intérêts de ses Amis.
» M. de Chandenier est malheu-
» reux, mais sa charge est don-
» née, & ne lui sera pas rendue.

» En m'occupant de l'arrange-
» ment du Cardinal de Retz avec la
» Cour, j'ai poussé mes réflexions
» plus loin, & je me suis demandé
» quelle seroit sa place dans le
» monde, après le rôle qu'il a joué.

» Dans les premiers jours qu'il
» se montrera à la Cour, il fixera
» tous les regards, on s'empressera
» sur ses pas, & il pourroit bien

» prendre la curiosité pour de l'in-
» térêt & de la considération. Les
» Courtisans chercheront dans ses
» manières, sa figure, ses expres-
» sions, la matière d'un ridicule,
» & avec tout son esprit il y prê-
» tera peut-être ; six ans d'absence
» de la Cour y rendent étranger,
» & l'on passe pour ridicule lors-
» qu'on ignore la mode & le jargon
» du moment. Quand la Ville &
» la Cour se seront rassasiées de la
» vue du Cardinal, qu'on aura
» épuisé le chapitre de son traite-
» ment, de sa réception, cité quel-
» que trait de sa conversation, que
» les femmes & les gens à la mode
» auront jeté quelque ridicule sur
» lui, il tombera dans l'oubli. Une

» Cour jeune, galante, occupée
» de bals & de comédies, s'em-
» barrassera peu d'un homme qui
» aura l'air d'un Romain ressuscité.
» Quelques anciens Amis lui res-
» teront attachés, & quelques cer-
» veaux creux se persuaderont qu'il
» pourra encore gouverner, &
» peut-être lui mettront cette chi-
» mère dans l'esprit. Si le Cardinal
» de Retz avoit une grande for-
» tune, son rôle seroit moins em-
» barrassant; la richesse est, après la
» faveur, ce qui attire le plus les
» hommes; il pourroit avoir une
» grande maison, accueillir les
» savans, les gens de mérite, &
» il deviendroit du bon air d'être
» admis chez lui. Mais notre Ami

» a des dettes immenses, & je
» connois l'élevation de son ame,
» il se fera un devoir & une gloire
» de payer ce qu'il doit, de rendre
» à des Amis, qui l'ont généreuse-
» ment secouru, des sommes dont
» ils se sont privés pour le faire
» subsister avec la dignité conve-
» nable. Tout bien examiné, il
» n'y a que trois partis à prendre.
» Le premier d'obtenir de se retirer
» à Rome, où il emporteroit sa
» gloire & sa réputation ; mais à
» Rome un Cardinal est un per-
» sonnage si considérable, qu'il ne
» lui est pas permis de vivre sans
» faste & sans une grande magnifi-
» cence extérieure ; il faut donc
» renoncer à ce parti qui auroit eu

» beaucoup d'avantages. Le second
» de se retirer à Commercy, d'y
» vivre dans la solitude, la plus
» grande simplicité, & la pratique
» des vertus chrétiennes, d'y em-
» ployer son tems à écrire pour la
» défense de la Religion & l'édi-
» fication publique. S'il pouvoit
» adopter ce genre de vie, & le
» suivre constamment pendant dix
» années, il seroit un jour le
» premier homme de son siécle
» aux yeux des Gens du Monde,
» de la Cour, de la Ville, des
» Dévôts, du Peuple, de l'Europe.
» Ce seroit un nouveau St. Au-
» gustin, connu comme lui par ses
» égaremens, sa conversion, &
» la sublimité de son génie. La

» vie simple qu'il auroit menée
» l'auroit mis à portée d'acquitter
» ses dettes, & il se trouveroit
» après ces dix années un revenu
» immense. Il n'est point de place
» à laquelle il ne pût alors aspirer,
» porté par une réputation qui
» n'auroit rien d'égal au monde ;
» il auroit à choisir dans les places
» de l'Eglise les plus éminentes,
» & obtiendroit peut-être la part
» qu'il voudroit au Gouvernement.
» Voilà un beau rêve que je fais,
» m'allez-vous dire. Hélas ! je le
» fais ; le premier joli minois que
» trouvera sur ses pas notre nou-
» veau St. Augustin, détruira l'é-
» difice de sa sainteté. Revenons
» à ce qu'il y a de plus simple :
qu'il

» qu'il vive à Commercy d'abord,
» ensuite à Paris, quand on lui
» permettra; mais qu'il ne se
» laisse pas entraîner à l'enthou-
» siasme du moment; qu'il voie
» peu de monde, & qu'il évite les
» grands engagemens de cœur;
» car vous connoissez notre Ami,
» s'il se prend de passion pour
» quelque intrigante, il sera gou-
» verné par elle, & exposé à don-
» ner dans tous les travers d'une
» ambition mal éteinte, qui em-
» brassera des chimères faute de
» réalité. Voilà ce que j'avois à vous
» dire, Madame, sur notre Ami,
» que vous êtes à portée plus que
» moi d'instruire & de conseiller.
» M. de la Rochefoucault, à qui

» je montre ma Lettre, est de mon
» avis : c'est vous en dire assez. Il
» me charge au surplus de vous
» mander, quoique cela n'ait
» guères de rapport avec mon su-
» jet, qu'il persiste dans ce qu'il
» vous a dit sur l'amour-propre
» & la coquetterie ; qu'il fera un
» petit traité pour prouver que la
» vertu seroit une qualité com-
» mune, s'il n'y avoit de femmes
» galantes que celles que le cœur
» ou les sens déterminent. C'est un
» Observateur éclairé, & qui a
» une grande expérience ; il m'a
» cité des traits de Madame de
» Longueville, qui fortifient son
» opinion. A l'en croire, il apper-
» cevoit, dans tout, l'amour-propre

» de sa Princesse, & le voyoit sans
» cesse faire l'office de son cœur
» & de ses sens. Il l'aimoit passion-
» nément, & cependant dit-il,
» il me paroissoit évident dans les
» momens de réflexion, que le
» rôle qu'elle croyoit jouer par
» moi dans les affaires, étoit le
» seul principe de ses sentimens.
» M. de la Rochefoucault est peut-
» être un peu suspect, il est comme
» ces Médecins qui dans toutes les
» maladies voient celle qu'ils ont
» le plus particulièrement étudiée;
» mais enfin, il a des traits de lu-
» mière qui pénétrent jusqu'au fond
» du cœur, & je lui dois en partie
» de me connoître. Croyez-vous
» au reste qu'on soit sa propre dupe

» autant qu'on paroît l'être sou-
» vent ? que Madame de Chatillon
» par exemple, qui soutient des
» Thèses de grands sentimens, ne
» sache pas à quoi s'en tenir sur ses
» véritables dispositions ? Madame
» de M..... ne donne pas dans ce
» travers, elle se contente d'en im-
» poser par sa hardiesse : sans doute
» que, sans s'en rendre compte,
» elle pense comme le Cardinal de
» Retz, qu'il est beau d'être la
» première dans son genre, quelque
» mauvais qu'il soit, & que c'est
» un sûr moyen de ne jamais tom-
» ber dans le mépris. J'ai tout le
» loisir de faire à présent des ré-
» flexions morales; il a été un tems
» où je me trouvois tombée de

» la convulsion dans la léthargie,
» mais à présent je sens le prix
» d'une tranquillité que divers inté-
» rêts animent. Je vends des terres
» pour payer mes dettes, je marie
» des filles, & je m'occupe de mes
» enfans; mes journées coulent
» plus rapidement, parce que je
» ne desire pas si vivement le len-
» demain. Autrefois la vivacité de
» mes intérêts me faisoit souhaiter
» d'ajouter un jour à un jour, pour
» atteindre promptement à l'objet
» qui excitoit mes desirs; & lors-
» qu'il se présentoit, le plaisir ou
» le succès étoient toujours au-
» dessous de la peinture que m'en
» avoit offerte mon imagination.
» Je me fais un grand plaisir de

» songer que je causerai un jour
» dans le calme avec notre Ami.
» Il a vécu mille ans dans dix ou
» douze années, par la multitude
» de sentimens qui se sont succé-
» dé, la vivacité des passions qui
» l'ont agité, l'importance & la
» variété des affaires qui l'ont oc=
» cupé, des plaisirs qui l'ont eni-
» vré. Toutes ces diverses situations
» n'ont pas passé comme un ta-
» bleau mouvant, il a réfléchi à
» mesure qu'il agissoit & qu'il sen-
» toit. Il s'est fait des maximes
» d'après l'expérience, il pourroit
» faire un code de morale utile
» aux Rois, aux Princes & aux
» hommes de toute condition. J'ai
» vécu aussi quelques siécles, &

» j'ai observé. La démangeaison
» d'écrire me prend quelquefois;
» mais c'est Monsieur le Cardinal
» de Retz en qui elle seroit bien
» placée. Une chose m'arrête dans
» le projet d'écrire : j'aime à tout
» dire, & une femme ne peut ja-
» mais dévoiler tous ses sentimens,
» expliquer par conséquent le vrai
» principe de la plupart de ses
» actions, de ses divers engage-
» mens. Peut-être succomberai-je
» à ce desir. Autrefois je faisois des
» confessions générales, & je crois
» que le plaisir de parler de moi,
» de m'abandonner sans inconvé-
» nient, entroit autant que la dé-
» votion dans cette effusion de
» mes sentimens, dans cette pein-

» ture fidèle de mes actions. Je sens
» que je fais un traité, & je ne
» comptois vous écrire que quel-
» ques lignes sur notre Ami. Je
» me laisse aller au plaisir de m'en-
» tretenir avec vous, & parce que
» je suis bien sûr que M. de Retz
» vous remettra fidèlement ma
» Lettre. On craint d'écrire en ce
» moment, on craint de parler,
» toute correspondance est sus-
» pecte depuis la disgrace du Sur-
» Intendant ; on épie ses Amis,
» & les plus indifférentes connois-
» sances sont présentées comme
» des Amis par ceux qui desirent
» leur nuire. Je plains beaucoup
» Madame Duplessis Bellière, on
» dit qu'on a mis le scellé sur

» ses papiers. Gourville n'est pas
» encore arrêté, mais on ne doute
» pas qu'il ne le soit. La conster-
» nation est parmi tous les gens
» d'affaires ; ils s'attendent à une
» chambre de justice : frappez le
» Pasteur, & les brebis seront dis-
» persées. On fait mille allusions
» sur les lézards de Le Tellier, & la
» couleuvre de Colbert. Si l'on en
» croit les Courtisans, le Roi gou-
» vernera par lui-même. Il prend
» goût au travail, il veut tout voir,
» tout signer, cela est beau à vingt-
» trois ans ; mais ses fréquentes
» visites dans la chambre des Filles
» d'honneur, font croire qu'il trou-
» vera qu'il est des moyens de pas-
» ser plus agréablement son tems.

» La chasse & les ballets sont en-
» core de grands obstacles. La sai-
» son de la campagne commence
» à s'avancer : ne reviendrez-vous
» pas être témoin des grands chan-
» gemens qui se préparent? J'ou-
» bliois de vous dire qu'il faut
» conseiller au Cardinal de s'adres-
» ser directement au Roi, ou à ses
» Ministres. Les Négociateurs ne
» cherchent qu'à se rendre néces-
» saires, & compliquent les affai-
» res par le mélange de leurs inté-
» rêts. Tous ces Entremetteurs
» cherchent à se nuire & à l'em-
» porter, & il semble qu'ils pren-
» nent plaisir à donner un air
» d'intrigue à leurs négociations.
» Que notre Ami se consulte bien,

» qu'il consulte M. de Caumartin
» qui est désintéressé, zélé, &
» homme d'esprit, & qu'il fasse
» ses propositions nettement. Des
» Abbayes & une somme d'argent
» la plus forte possible, voilà à
» quoi il faut se réduire. Adieu
» Madame, revenez ; ce ne sera
» jamais assez tôt pour moi, & je
» dirai pour vous, car la vie des
» châteaux ne vous vaut pas. »

F I N.

www.ingramcontent.com/pod-product-compliance
Lightning Source LLC
Chambersburg PA
CBHW050632170426
43200CB00008B/984